Bei diesem Buch wurden die durch das verwendete Material und die Produktion entstandenen CO_2-Emissionen ausgeglichen, indem der cbj Verlag ein Projekt zur Aufforstung in Brasilien unterstützt. Weitere Informationen zu dem Projekt unter: www.ClimatePartner.com/14044-1912-1001

Sollte diese Publikation Links auf Webseiten Dritter enthalten, so übernehmen wir für deren Inhalte keine Haftung, da wir uns diese nicht zu eigen machen, sondern lediglich auf deren Stand zum Zeitpunkt der Erstveröffentlichung verweisen.

Urheberverzeichnis: siehe Seite 197

1. Auflage 2022
© 2022 MARVEL
Die englische Originalausgabe erschien 2022 bei Marvel Press, ein Imprint von Buena Vista Books Inc., New York, unter dem Titel »5-Minute MARVEL Stories«
2022 cbj Kinder- und Jugendbuchverlag in der Penguin Random House Verlagsgruppe GmbH, Neumarkter Str. 28, 81673 München
Alle deutschsprachigen Rechte vorbehalten
Übersetzung: Anke Albrecht
Umschlaggestaltung: Geviert, Grafik & Typografie, unter Verwendung einer Illustration von Steve Kurth, Geanes Holland und Olga Lepaeva
mk · Herstellung: AJ
Satz: Uhl + Massopust, Aalen
Druck: DZS Grafik d.o.o.
ISBN 978-3-570-17969-7
Printed in Slowenia

www.cbj-verlag.de

Inhalt

Der Fall des verschwundenen Flerken

Es war ein sonniger Tag in Lower Manhattan. Carol Danvers machte, was sie jeden Morgen tat – sie nahm die Zeitung, blätterte zu den Comics, goss Milch übers Müsli und streckte die Hand aus, um Goose zu streicheln. Aber Goose war nicht da! Goose ist Carols Flerken und sieht eigentlich wie eine normale Katze aus. »Goose!«, rief Carol. »Frühstück!«

Aber Goose kam nicht! ›Versteckt sie sich?‹, überlegte Carol. ›Schläft sie zwischen den Sofakissen?‹ Nachdem Carol überall gesucht hatte, machte sie sich Sorgen. War Goose ausgebüxt?

Wo konnte Goose sein? Hatte irgendwer … sie mitgenommen? Da fiel Carols Blick auf die Akte, die auf dem Tisch lag. Moonstone! Ihre alte Erzfeindin war kürzlich wiederaufgetaucht und sie wollte Carol bestimmt eins auswischen! Vielleicht hatte sie sich wieder mal als Carol verkleidet und Goose mit diesem Trick dazu gebracht, mitzugehen.

Carol zog sich ihren Captain-Marvel-Anzug an und wollte sich auf die Suche nach Moonstone machen. Aber bei einer Suche konnte ein zweites Paar Augen nicht schaden. »Mal sehen, wer Zeit hat«, sagte sie sich.

Vielleicht konnte ihr Freund James »Rhodey« Rhodes, auch bekannt als War Machine, helfen. Sie hatten sich ewig nicht gesehen und es wurde sowieso mal wieder Zeit. Captain Marvel düste zum Avengers Tower, wo War Machine arbeitete. Obwohl sie auf einer wichtigen Mission war, genoss sie den Flug zum Hauptquartier.

Rhodey war in einem superlangweiligen Meeting, als Captain Marvel vor dem Fenster im obersten Stockwerk auftauchte. »Ich bin auf einer Goose-Rettungsmission, ich brauche deine Hilfe«, erklärte sie.

»Und sie hat sich nicht zwischen deinen Pullovern versteckt oder so?«, fragte Rhodey. Captain Marvel schüttelte den Kopf. Moonstone hatte Goose entführt – da war sie sich sicher. Rhodey versprach, gemeinsam mit ihr den Fall des verschwundenen Flerken zu lösen.

Carol wusste, dass Moonstone
es ihr nicht leicht machen würde,
Goose zu finden. Moonstone hatte garantiert kein leichtes
Versteck gewählt, selbst wenn sie noch auf der Erde war. War Machine
suchte auf dem Gipfel des Mount Everest, während Captain Marvel die
Tiefen des Ozeans absuchte.

In der Sahara trafen sie sich wieder – ohne Goose.

»Vielleicht ist sie nicht mehr auf der Erde«, sagte Captain Marvel.

»Das Weltall ist riesig«, warnte War Machine, aber Captain Marvel schreckte das nicht ab.

»Ich habe viele Freunde«, sagte sie.

Die beiden Helden durchquerten ein paar Galaxien und fragten alle, ob sie Goose gesehen hatten – aber niemand wusste, ob Moonstone eine Katze (oder einen Flerken) entführt hatte, und niemand wusste, wo Moonstone sich versteckte.

Captain Marvel fragte sogar die Guardians of the Galaxy.

»Ich sag dir alles, was ich weiß. *Wenn* du mich beim Pingpong schlägst«, sagte Rocket. Und Captain Marvel schlug ihn!

»Okay, spucks aus, Rocket!«, sagte Captain Marvel. Sie wollte Goose endlich finden.

»Ha! Ich weiß gar nichts«, gab Rocket zu. »Ich mag Flerken nicht mal. Meinst du, ich würde dir helfen, einen zu finden?« Captain Marvel konnte es kaum glauben. Sie wusste so wenig wie vorher.

Endlich entdeckte Captain Marvel einen Haufen schwarzer Löcher in einem relativ leeren Streifen der Milchstraße. »Die waren vorher noch nicht da!«, rief sie. »Ich kenne nur eine, die solche schwarzen Löcher schaffen kann, und das ist Moonstone.«

»Worauf warten wir dann noch?«, fragte Rhodey.

Er war ein super Navigator und lotste sie direkt zu Moonstones Höhle auf einem Asteroiden zwischen den schwarzen Löchern. Die Helden stürmten hinein. »Wo ist meine Katze … äh, mein Flerken?«, schrie Captain Marvel Moonstone an. Moonstone sprang auf und schoss einen Laserstrahl auf ihre alte Feindin ab.

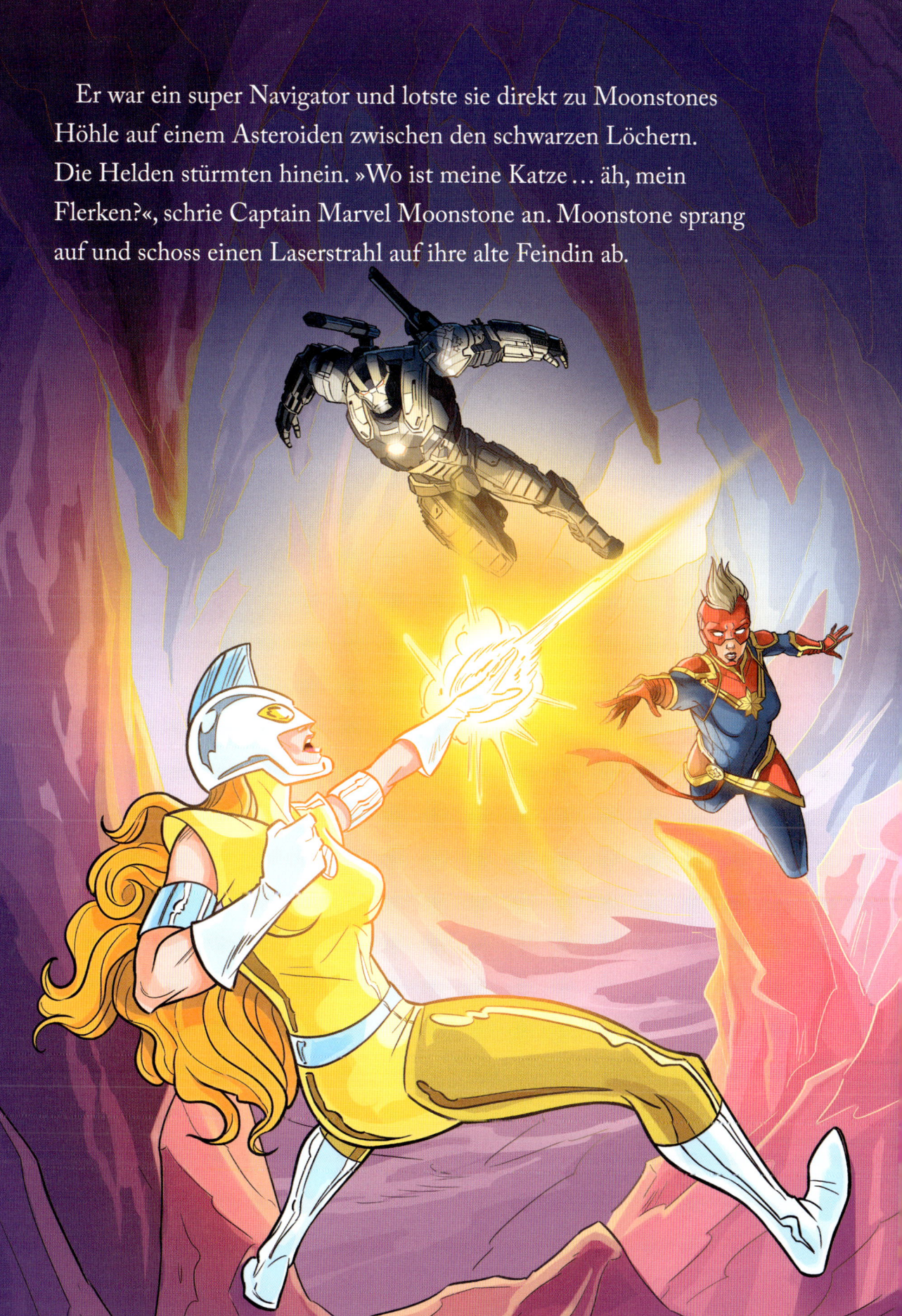

Rhodey konnte den Laserstrahl abblocken, aber Captain Marvel war bereit. Sie sammelte ihre eigene Energie und schoss sie auf Moonstone. Moonstone wich dem ersten Schuss aus. Dann ließen Captain Marvel und Moonstone beide Energie durch die Höhle blitzen, bis sich schließlich zwei Energieladungen trafen

KAWUMM!, explodierten sie. Die drei Kämpfer wurden durchs Versteck geschleudert.

»Was willst du hier überhaupt?«, rief Moonstone.

Captain Marvel zeigte ihr ein Foto von Goose. »Du hast Goose entführt und ich will ihn zurück!«

Moonstone schüttelte den Kopf. »Ich habe Goose nicht. Ich versuche gerade, Ärger aus dem Weg zu gehen.«

»Goose ist nicht hier«, sagte Rhodey. »Los, zurück nach New York!«

Captain Marvel war verlegen – und traurig. Sie vermisste Goose, und sie war sich so sicher gewesen, ihn bei Moonstone zu finden. Wo konnte Goose denn sonst sein? Captain Marvel und Rhodey flogen in Carols Wohnung zurück.

»Hast du zwischen den Pullovern nachgesehen?«, fragte Rhodey.

»Hör mal, Rhodey, ich hab überall gesucht! Goose ist nicht hier.«

»Guck doch noch mal nach«, meinte Rhodey.

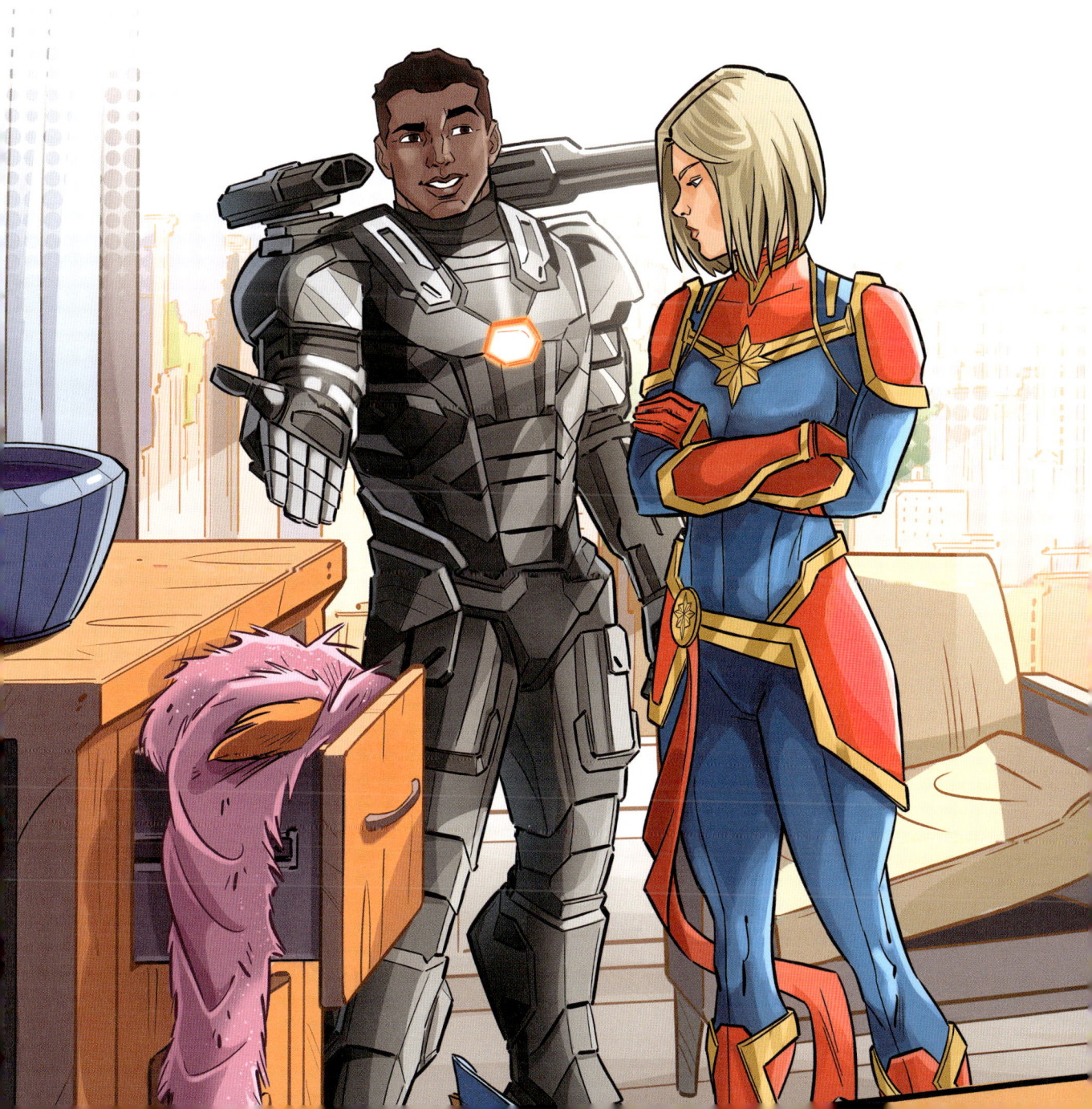

»Goose!«, rief Carol. »Du hast recht, Rhodey. Wahrscheinlich war er da die ganze Zeit!« Goose lag nämlich an Carols weichsten Pullover gekuschelt in der Schublade und hatte wunderbar geschlafen.

Eine absolute Superheldin

Kamala Khan war absolut eine Superheldin.

Oder vielleicht eine Irgendwie-Superheldin. Jemand mit Irgendwie-Superkräften. Das traf es wohl besser, dachte Kamala.

Ihr Freund Bruno meinte, dass sie eine echte Superheldin war, nicht eine Irgendwie-Superheldin. Aber ihr kam es noch nicht echt vor.

Es war alles noch zu neu.

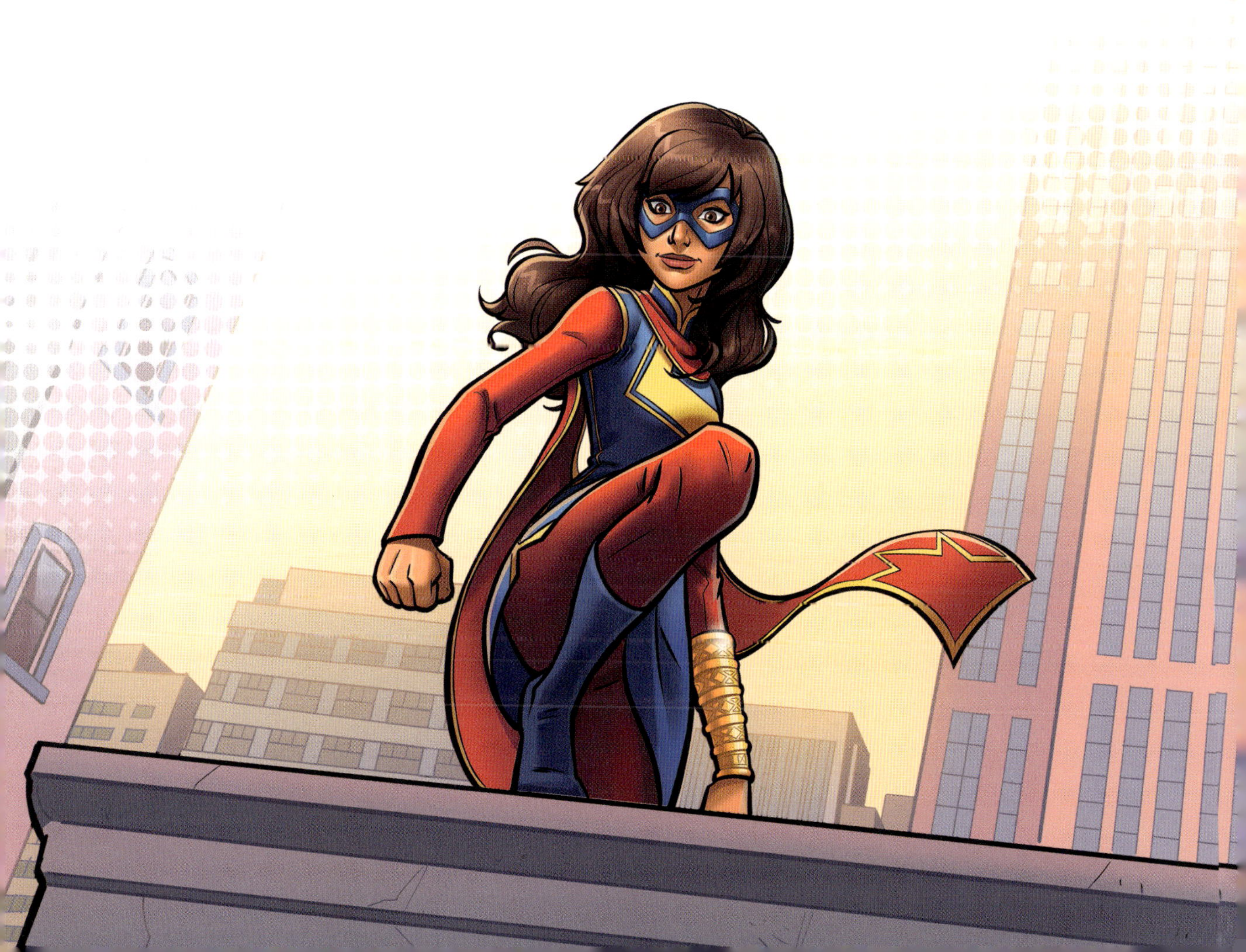

Angefangen hatte es so:

Eines Abends, als Kamala noch ein ganz normaler Teenager war, lief sie in Jersey City am Fluss entlang, als ein sonderbarer Nebel aufzog. Es war der Terrigen-Nebel. Ein Gas, das enthüllt, dass Menschen besondere Gene haben. Ein Nebel, der Superkräfte aktiviert.

Als Kamala aus dem Nebel stolperte, war etwas anders. *Sie* war anders. Sie sah wie ihr großes Vorbild Captain Marvel aus! Kamala begriff ziemlich schnell, was geschehen war. Sie war eine Inhuman! Sie konnte jetzt die Form ihres Körpers, ihres Gesichts und sogar ihre Größe verändern.

Kamala musste überlegen, was für eine Superheldin sie sein wollte. Zu Ehren ihrer Lieblingssuperheldin nannte sie sich Ms. Marvel, aber sie wollte ihren eigenen Look haben. Sie war Muslima, und das brachte sie auf ein paar Ideen für ihren Superheldinnen-Anzug.

Jetzt war sie Ms. Marvel. Beschützerin von Jersey City. Schrecken der Verbrecher, Hüterin der kleinen Läden.

Eine Irgendwie-Superheldin.

So also wurde aus Kamala Khan Ms. Marvel. Und was tat Ms. Marvel an diesem speziellen Abend?

»Nichts«, murmelte Ms. Marvel und sah sich um. Eine Grille zirpte. Ein paar Häuser weiter weinte ein Baby. Es war spät, alle waren zu Hause. Niemand beging ein Verbrechen. Sie sollte froh sein. Ruhe und Frieden waren gut!

Aber sie hatte sich irgendwie darauf gefreut, ihre neuen Kräfte gegen Bösewichte einsetzen zu können.

»Dann gehe ich eben nach Hause«, sagte Ms. Marvel zu sich selbst.

KRACH! Zwei Gestalten stürmten in die Straße unter ihr.

Ms. Marvel beobachtete, wie sie kampfbereit anhielten. Sie staunte nicht schlecht – eine war Carol Danvers! Captain Marvel!

Und die andere war …

»Der Inventor?!«, quiekte Ms. Marvel. Sie wusste alles über ihn! Er war halb Mensch, halb Vogel – und ganz und gar böse.

Captain Marvel hob eine Faust. Ein gelbes Glühen breitete sich um ihre Hand aus. Aber der Inventor kam ihr zuvor. Er hob eine Art selbst gebastelte Waffe und feuerte einen seltsamen Lichtstrahl auf sie ab.

Der pulsierende Lichtstrahl wickelte sich wie ein energiegeladener Krake um Captain Marvel.

»Bäh!«, rief sie und versuchte, die Licht-Tentakel abzuschütteln. Aber es gelang ihr nicht.

Ms. Marvel wusste nicht, was sie tun sollte. Sich auf den Schurken stürzen? Oder ihrem Vorbild helfen? Sie traf eine Entscheidung und ließ sich mit ungeheuer lang gestreckten Beinen in die Straße fallen.

Der Inventor grinste und rannte davon.

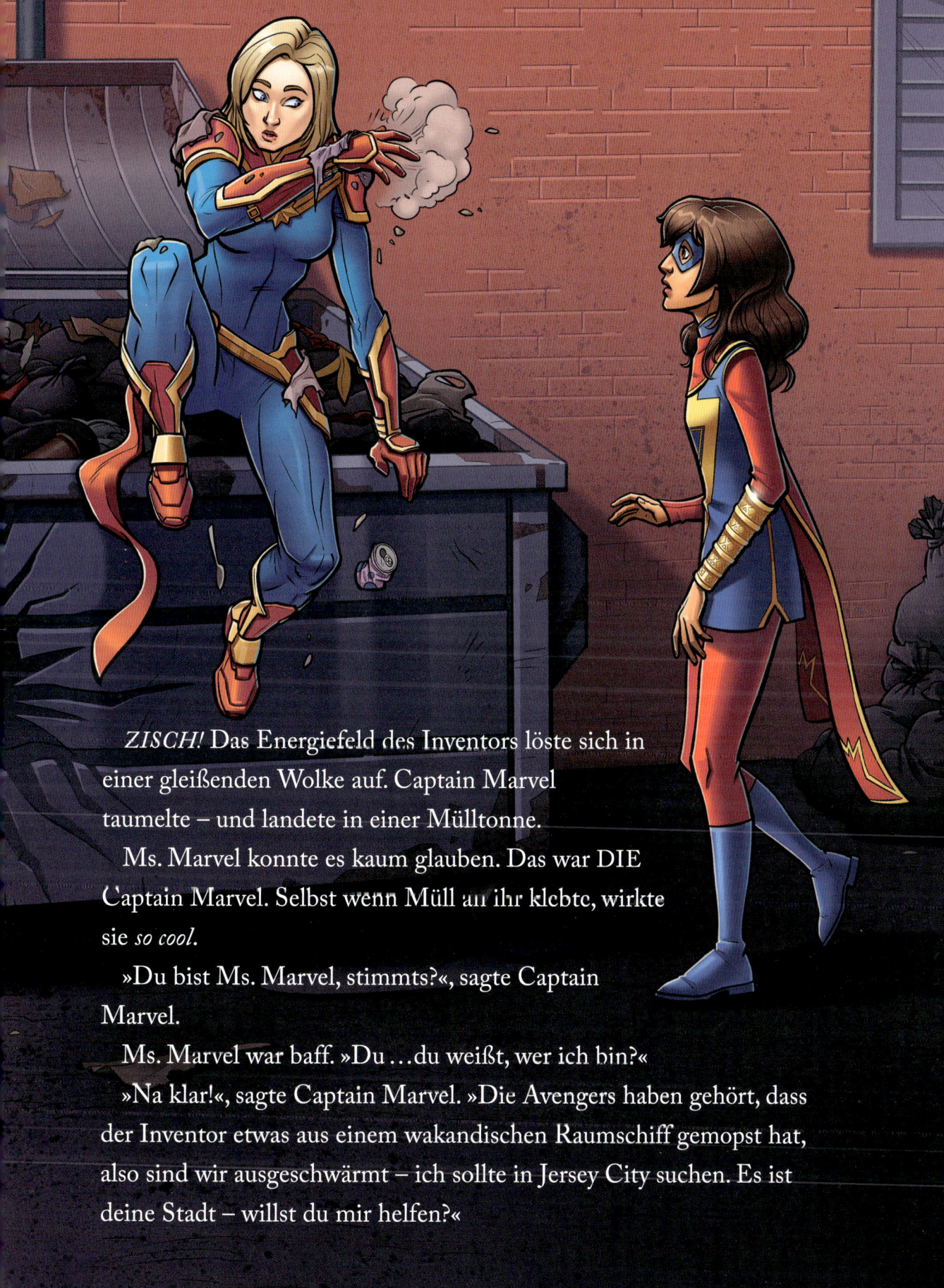

ZISCH! Das Energiefeld des Inventors löste sich in
einer gleißenden Wolke auf. Captain Marvel
taumelte – und landete in einer Mülltonne.

Ms. Marvel konnte es kaum glauben. Das war DIE
Captain Marvel. Selbst wenn Müll an ihr klebte, wirkte
sie *so cool.*

»Du bist Ms. Marvel, stimmts?«, sagte Captain
Marvel.

Ms. Marvel war baff. »Du … du weißt, wer ich bin?«

»Na klar!«, sagte Captain Marvel. »Die Avengers haben gehört, dass
der Inventor etwas aus einem wakandischen Raumschiff gemopst hat,
also sind wir ausgeschwärmt – ich sollte in Jersey City suchen. Es ist
deine Stadt – willst du mir helfen?«

Die beiden Marvels jagten dem Inventor hinterher. Während sie rannten, rasten Ms. Marvels Gedanken. Was wollte der Inventor mit der wakandischen Erfindung anfangen? Wo wollte er sie verstecken?

Und da hatte sie plötzlich eine Idee.

Ungefähr zehn Straßen weiter gab es einen Schrottplatz. Da standen lauter alte Autos und Teile von Booten und sogar von Flugzeugen herum. Vielleicht wollte der Inventor mit dem wakandischen Apparat eine von seinen eigenen Schrotterfindungen aufladen.

»Hast du irgendeine Idee?«, fragte Captain Marvel. »Du kennst dich hier besser aus als ich.«

»Der Schrottplatz«, sagte Ms. Marvel selbstbewusst. Sie zeigte mit einem überlangen Finger die Richtung an. »Da die Straße runter.«

»Genial!«, rief Captain Marvel. Ms. Marvel verlängerte ihre Beine, um mit ihr Schritt halten zu können. Bald waren sie am Schrottplatz.

Der Inventor war auch da. Und wie er da war! Ms. Marvel riss die Augen weit auf, als sie ihn sah.

»Entzückend.« Böse grinsend sah er auf die zwei Superheldinnen herunter. »Ihr glaubt, ihr könnt mich besiegen? Mich, den genialen Wissenschaftler in seinem selbst entworfenen Düsenjet mit wakandischer Technik?!«

Er drückte auf einen Knopf und Raketen schossen auf Ms. Marvel und Captain Marvel zu.

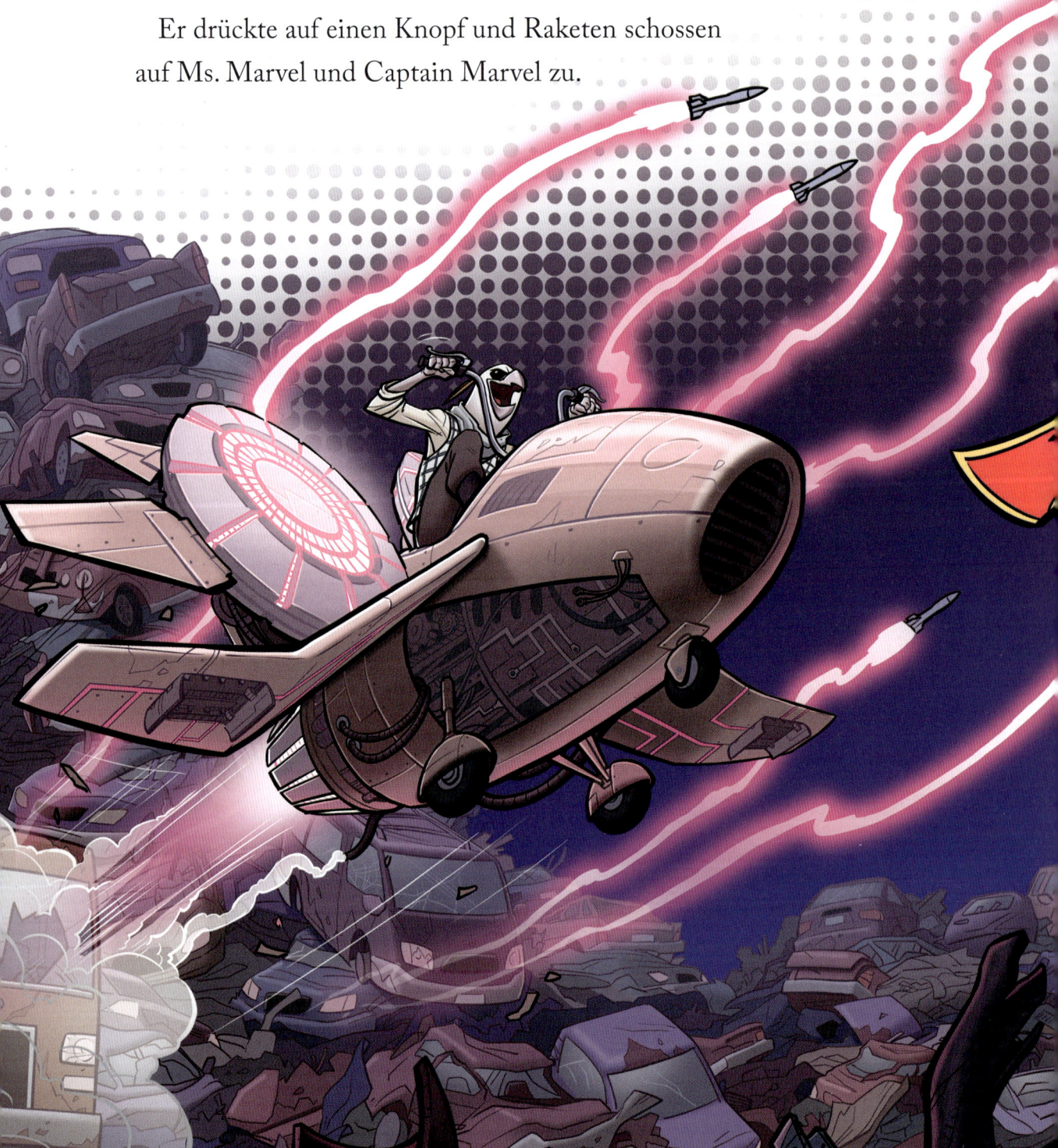

»Ver-riesigen!«, rief Ms. Marvel. Captain Marvel hob ihre Fäuste. Sie schimmerten vor unirdischer Kraft.

Ms. Marvel zog geistesgegenwärtig ein Schrottauto aus einem Altmetallhaufen und warf es auf den Inventor.

»Weiter so!«, rief Captain Marvel ihr zu. »Lenk ihn ab!«

Ms. Marvel griff wahllos nach Autos, Müllcontainern, Stahlträgern – und warf sie auf den Inventor. Er wich jedes Mal aus, war aber so beschäftigt, dass er nicht mehr auf Captain Marvel achtete – die heller und heller funkelte.

SIRR! Captain Marvel feuerte einen Energiestrahl ab, der den Jet komplett lahmlegte.

»Nein!«, schrie der Inventor, als sein Flugzeug abstürzte. Ms. Marvel fing es in der Luft mit ihrer riesig großen Hand auf und hielt es fest.

»Die Gerechten siegen!«, sagte Ms. Marvel.

Der Inventor wand sich kreischend, aber er steckte fest.

Es war vorbei. – Sie hatten den Inventor gemeinsam besiegt.

»Ich schulde dir was, Ms. Marvel«, sagte Captain Marvel. Hinter ihnen schleppten S.H.I.E.L.D.-Agenten den Inventor ab. Sie hatte auch den anderen Avengers schon mitgeteilt, dass die wakandische Erfindung in Sicherheit war. »T'Challa lässt dir seinen Dank ausrichten.«

So langsam begriff Ms. Marvel es: Sie hatte sich mit Captain Marvel verbündet, zu einem fantastischen Team! »Gern geschehen«, sagte sie mit großen Augen. »Wir sollten das bald mal wieder machen.«

Captain Marvel lächelte. »Darauf freue ich mich schon«, sagte sie und streckte die Hand aus.

Ms. Marvel schüttelte sie begeistert.

Ohne ein weiteres Wort schoss Captain Marvel ins All.

Ms. Marvel stand noch lange da und sah dem verblassenden Lichtschweif nach.

Captain Marvel hatte ihre Hand geschüttelt. Captain Marvel hatte sie wie eine Partnerin behandelt. Sie hatte sie sogar gelobt.

Vielleicht ... also, vielleicht ...

»Ich bin eine echte Superheldin!«, jubelte Ms. Marvel.

Ms. Marvel. Beschützerin von Jersey City.

Schrecken des Inventors und aller Schrottdiebe.

Eine absolute Superheldin.

Mit allen Finessen

Nachts sind Miles Morales und Gwen Stacy die Superhelden Spider-Man und Ghost Spider.

Tagsüber sind sie Schüler, und das heißt, dass sie manchmal Hausaufgaben bekommen. Heute sollten sie ins Kunstmuseum gehen und einen Aufsatz über ein Kunstwerk schreiben, das ihnen gefallen hatte.

Sie beschlossen, ihre neue Freundin Jeanne mitzunehmen. Sie war gleichaltrig, hatte aber schon ihren Abschluss vom MIT, einem College für Superschlaue. Sie war gerade nach New York gezogen und Miles und Gwen kümmerten sich um sie.

»Warum sind denn hier so viele Wächter?«, fragte Miles. Die Wachleute standen überall und beobachteten die Besucher genau.

»Wisst ihr das noch nicht?« Jeanne lachte. »New York hat eine neue Diebin. Sie heißt Finesse. Sie raubt Museen aus und stellt Videos davon online. Sie sagt, dass sie die schnellste und gelenkigste Diebin der Stadt ist. Sie hat die Superhelden herausgefordert, sie zu fangen.«

»Ach, hat sie das?«, fragte Gwen. Sie wollte mehr über Finesse wissen.

Während ihrer Nachtpatrouille sahen Gwen und Miles sich die Videos an. Finesse war wirklich erstaunlich. Sie verbog sich wie Black Widow. Sie kämpfte wie Hawkeye. Sie warf einen Mülltonnendeckel wie Captain America seinen Schild. Gwen hielt sich trotzdem für besser: Bisher hatte sie noch jeden Schurken gefangen.

»Wenn ich die zu fassen kriege!«, knurrte Gwen. »Der zeig ich, was ›schnell‹ und ›gelenkig‹ ist.«

Da schrillte auf einmal eine Alarmanlage – im Kunstmuseum, in dem sie morgens gewesen waren.

»Sieht so aus, als könntest du sie fassen«, meinte Miles. Gemeinsam schwangen sie los.

Als sie im Museum ankamen, erwischten sie Finesse mit einem wertvollen Gemälde aus der neuen Ausstellung.

»Stehen geblieben!«, rief Gwen. »Uns entkommst du nicht!«

Finesse lächelte verschlagen. »Ich glaube, ihr überschätzt euch.«

Ein Mann kam leise hinter einer Säule hervor. Er trug einen weißen Anzug mit schwarzen Flecken.

»Das ist Spot«, erklärte Finesse. »Er schafft Portale, durch die ich fliehen kann.«

Spot zog einen schwarzen Fleck von seinem Anzug und warf ihn an die Wand, wo er kleben blieb.

»Bis dann, Super-Loser«, rief Finesse, als sie mitten in den schwarzen Fleck hineinsprang und verschwand.

»Ich krieg dich!«, rief Gwen und tauchte auch in das Portal ein.

Miles blieb mit Spot allein. »Du willst nicht vielleicht einfach aufgeben, oder?«, fragte er. Spot zog noch einen schwarzen Fleck von seinem Anzug und kam auf Miles zu.

Gwen fiel aus dem Portal heraus und fand sich auf einem Dach wieder. Finesse stand grinsend vor ihr.

»Oh, tritt endlich mal jemand gegen mich an?« Finesse lachte und holte zu einem Schlag in Gwens Bauch aus.

»Ich zeig dir, was das bedeutet: Wer nicht hören will, muss fühlen.« Gwen wich dem Schlag aus, indem sie einen Vorwärtssalto über Finesse machte. Jetzt war sie dran: Sie schoss ihre Netze auf Finesse.

Doch Finesse machte etwas, womit Gwen nicht gerechnet hatte. Sie machte den haargenau gleichen Vorwärtssalto.

»Alles, was du kannst, lerne ich nur vom Zugucken«, sagte Finesse und stellte Gwen von hinten ein Bein. »Das ist meine spezielle Kraft.«

Miles versuchte in der Zwischenzeit, nicht in die Flecken zu fallen. Spot warf sie ihm vor die Füße und an die Wände, an denen er landen wollte. Er warf sie sogar direkt auf Miles. Wie sollte er den Kerl denn aufhalten, wenn er nicht mal landen konnte?

Schließlich machte Miles einen Satz und zielte mit dem Fuß direkt auf Spots Gesicht, aber der Fuß versank darin! Der schwarze Fleck auf Spots Maske war auch ein Portal – als Miles das begriff, fiel er schon hinein!

Gwen war in diverse Portale eingetaucht und auf verschiedenen Dächern wieder herausgekommen. Sie hatte Finesse aus den Augen verloren. Jetzt sah sie sich um.

»Ich darf sie nicht entkommen lassen!«, knurrte Gwen. Da entdeckte sie noch ein Portal auf dem Dach. Da drin musste Finesse verschwunden sein! Gwen machte einen Kopfsprung ins Portal.

Es erwartete sie eine große Überraschung: Sie landete in einem großen stinkenden Müllcontainer.

»Du auch?«, fragte eine Stimme aus dem Nachbarcontainer. Es war Miles, der durch das Portal in Spots Maske gefallen und auch im Müll gelandet war.

»Mir reicht's!«, schrie Gwen. »Ich hatte sie fast! Das nächste Mal kriege ich sie!«

»Schon klar, du willst ihr beweisen, dass du besser bist.« Miles zog eine Bananenschale von seinem Anzug. »Aber um diese Diebe zu stoppen, brauchen wir einen Plan.«

Am nächsten Tag legten Miles und Gwen sich in der Mittagspause einen Plan zurecht. Als Finesse und Spot am Tag darauf das Museum ausrauben wollten, warteten Gwen und Miles schon auf sie.

»Ihr wollt wirklich eine alte ägyptische Statue klauen?«, fragte Miles.

»Noch nie was vom Fluch der Mumie gehört?«, fragte Gwen.

Finesse grinste.

»Na, holt sie euch doch zurück.« Sie rannte auf den nächsten schwarzen Fleck zu.

»Die geht mir echt auf die Nerven«, knurrte Gwen.

»Halt dich an den Plan«, mahnte Miles.

»Tu ich doch! Lass sie bloß nicht entkommen,« sagte Gwen, schoss ein Netz auf Spot und ließ Miles hinter Finesse herjagen.

Als Finesse sich umsah, konnte sie niemanden entdecken. Wollten die beiden sie etwa abhauen lassen? Warum sollten sie das tun? Vor lauter Staunen blieb Finesse stehen – und Miles holte sie ein. Er hatte sich unsichtbar gemacht – und was sie nicht sehen konnte, konnte Finesse natürlich nicht nachmachen.

»Hab dich!« Miles streckte eine Hand aus und versetzte Finesse mit seinem Giftschlag einen Schock. Sie ließ die Statue fallen – Miles fing sie auf.

Spot hatte in der Zwischenzeit echte Probleme, die gelenkige Gwen zu stoppen. Jedes Mal, wenn er einen Fleck warf, webte sie ein Netz über das Portal, damit sie nicht hineinfiel. Sie wich Spot mit Saltos und Pirouetten aus.

Irgendwann war Spot so frustriert, dass er in ein Portal sprang – und in einem von Gwens Netzen landete!

Am nächsten Tag las Gwen Miles die Schlagzeile des *Daily Bugle* vor: »Spot bei Raubversuch gefangen. Finesse flieht.«

»Du bist sauer, oder?«, fragte Miles. »Ich hab sie entkommen lassen, um die Statue zu retten.«

»Ach was!«, rief Gwen. »Es ist doch prima gelaufen! Ich hab Spot geschnappt und Finesse kriege ich auch noch. Beim nächsten Mal …«

»Pssst«, machte Miles, als Jeanne sich vorsichtig neben Gwen setzte. Sie hielt sich die Schulter.

»Alles klar bei dir?«, fragte Miles sie.

»Oh, alles bestens«, versicherte Jeanne ihm. »Ich hab mir nur gestern die Schulter verletzt. Aber das passiert mir nicht noch mal.«

BLACK PANTHER

Shuri, die Retterin

KLONK! Black Panther versetzte einem Trainings-Dummy einen so harten Kick, dass dessen Kopf abflog.

KRACH!, flog die Tür auf. Eine der Dora Milaje – der Leibwache von Black Panther – rannte herein.

»Mein König!«, sagte sie. »Entschuldige, dass ich störe, aber es ist ein Notfall! Wakandas Verteidigungssystem ist ausgefallen!«

Black Panther durfte keine Zeit verlieren. Während er eilig durch die Säle seines Palasts lief, gab er Befehle.

»Hol meine Generäle!«, befahl er einem Berater.

»Hol meine Technik-Experten!«, sagte er zu einem anderen.

»Hol meine …«, fing er an.

»… Schwester?«, beendete eine pfiffige Stimme den Satz.

»Genau, meine Schwester!« T'Challa war froh, Shuri zu sehen. Sie war eine seiner klügsten und kreativsten Wissenschaftlerinnen. Auf dem Weg in die Kommandozentrale war Black Panther allerdings zu beschäftigt, um auf Shuri zu hören. »Ich brauche einen Bericht über alle Superschurken-Aktivitäten in Afrika südlich der Sahara«, sagte er zu einem Berater.

»Finde heraus, ob die Grenzwachen irgendwas Verdächtiges gesehen haben«, sagte Shuri zu einem anderen.

»Startet eine Suche nach …«, fing T'Challa an.

»…allen Fehlern, die zum Systemausfall geführt haben«, fiel Shuri ihm ins Wort.

T'Challa musterte seine Schwester kritisch.

Shuri starrte energisch zurück. »Ich kann helfen. Ich bin Wakandas beste Technik-Expertin. Wenn das Verteidigungssystem ausfällt, ist das eine technische Panne. Du brauchst mich.«

Eine der Dora Milaje sagte: »Es ist nicht nur eine Panne, mein König, es scheint ein gezielter Angriff zu sein.«

Shuri zuckte die Achseln. »Dann brauchst du eine Technik-Expertin, die *außerdem* Kriegerin ist. Also: mich.«

Black Panther dachte einen Moment nach. Sie hatte ja recht.

Er nickte. »Shuri«, sagte er, »leg deine Rüstung an.«

Shuri grinste. »Das wird ein Spaß!«

In Shuris Labor beobachtete T'Challa seine Schwester in Aktion.
Nach verschiedenen Tests und einer gründlichen Fehlersuche war noch
immer nicht klar, warum das System ausgefallen war. Wer auch immer
für die Panne verantwortlich war, war clever. Aber wenn jemand das
Problem lösen konnte, dann war es die Prinzessin von Wakanda.

»Wir müssen zum Reserve-Neuronennetz im Vibranium-Hügel, um Zugriff auf das System zu bekommen«, sagte Shuri. Als sie ihre Rüstung anlegte, merkte sie, dass ein Handschuh fehlte! »Es ging gar nicht nur um das Verteidigungssystem – das war nur eine Ablenkung, um mich aus meinem Labor zu locken!«

Black Panther wollte den Jet bereitstellen lassen, aber Shuri war schneller. »Sieh es ein, Bruder, das ist meine Mission. Heute bin ich mal die Chefin!«

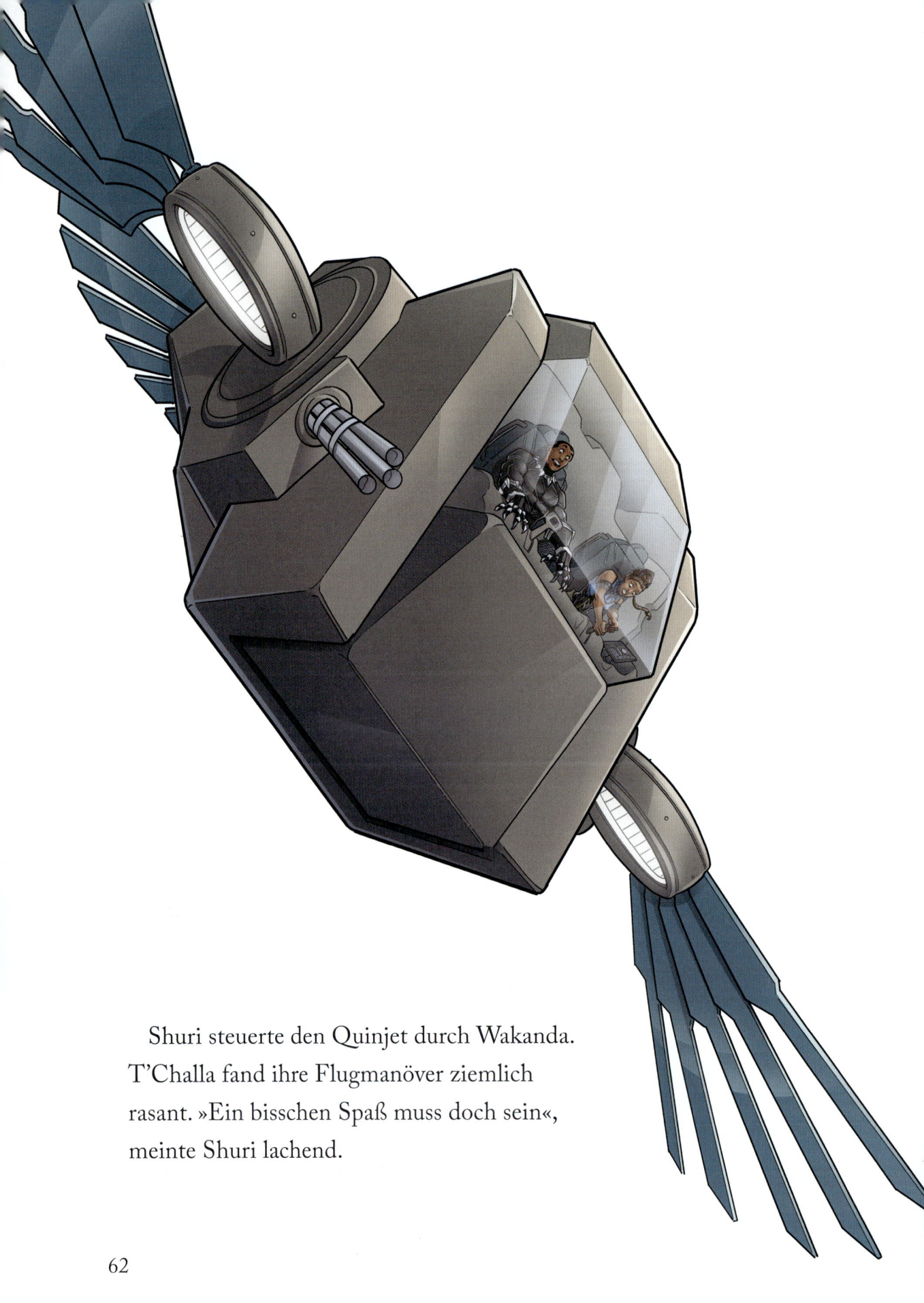

Shuri steuerte den Quinjet durch Wakanda. T'Challa fand ihre Flugmanöver ziemlich rasant. »Ein bisschen Spaß muss doch sein«, meinte Shuri lachend.

Als sie am Reserve-Neuronennetz ankamen, sahen sie, dass ein Bild von Doctor Dooms Maske an einer Wand aufgetaucht war!

»So, und was machen wir jetzt?«, fragte T'Challa.

»Vertrau mir, ich schaffe das«, antwortete Shuri selbstbewusst.

»Ich hab ein Ass im Ärmel.«

Shuri tippte ein paar Befehle in ihr Kimoyo-Armband und Sekunden später erschien Iron Man.

»Tony?«, fragte T'Challa. »Woher kennst du ihn?«

»Er war bei einem meiner Vorträge über Quantencomputer und seither schreiben wir uns«, sagte Shuri. »Vor ein paar Tagen hat er mir eine Nachricht geschickt, weil er gehört hat, dass Doctor Doom an etwas Ähnlichem wie meinen Handschuhen arbeitet. Was Tony über Technik – und Doctor Doom – weiß, könnte uns helfen.«

Iron Man forderte Shuri über Funk auf, ihm nachzufliegen. Er wusste genau, wo Doctor Dooms Geheimversteck war, und so steuerten die drei Freunde die Berge von Latveria an.

Kaum waren die Helden dort angekommen, griff Doctor Doom an! Er konnte Iron Man einen Schlag versetzen, aber Black Panther stürzte sich gleich auf ihn. Shuri war selbst mit nur einem Handschuh eine mächtige Kriegerin und feuerte auf Doctor Doom.

Doctor Doom wurde von dem Geschoss überrascht und ging zu
Boden, dabei fiel Shuris zweiter Handschuh aus seinem Umhang.

»Ich wusste es doch! Er wollte an deine Erfindung«, sagte Iron Man.

»Es gibt da nicht viel zu verbessern, aber ich brauchte den
Handschuh, um ihn zu kopieren!«, erwiderte Doctor Doom.

»Du machst dir die Mühe, unser Verteidigungssystem lahmzulegen,
und jetzt sagst du einfach: Ich wars?«, fragte Shuri.

»Soll ich zugeben, dass du genauso schlau bist wie ich? Niemals!«

Sein Stolz hatte Doctor Doom zu Fall gebracht. Bevor Tony ihn fortbrachte, versprach Shuri, Tony ihre neueste Arbeit über Mikroprozessoren zu schicken.

Als sie zurück in Wakanda waren, dankte T'Challa Shuri für ihre Hilfe. »Für mich bist du immer die nervige kleine Schwester«, gab er zu, »aber aus dir ist eine sehr beeindruckende junge Frau geworden.«

Shuri grinste. »Und du bist für mich mein nerviger großer Bruder.«

Black Panther wartete darauf, dass sie »Aber …« sagte.

Doch das tat sie nicht.

»Tschüs, nerviger großer Bruder!«, verabschiedete sie sich. »Wir sehen uns, wenn das Land wieder gerettet werden muss!«

Hawkeye hoch zwei

Kate Bishop war ein Morgenmuffel. Leider machte das Böse nie Pause, nicht mal für Kate. Sie war zwar eine Superheldin, aber die Gesetze von Raum und Zeit konnte auch sie nicht ändern, um länger zu schlafen.

»Morgen, Hawkeye«, sagte eine Stimme hinter ihr.

»Morgen, Hawkeye«, sagte Kate mit einem Mund voller Müsli.

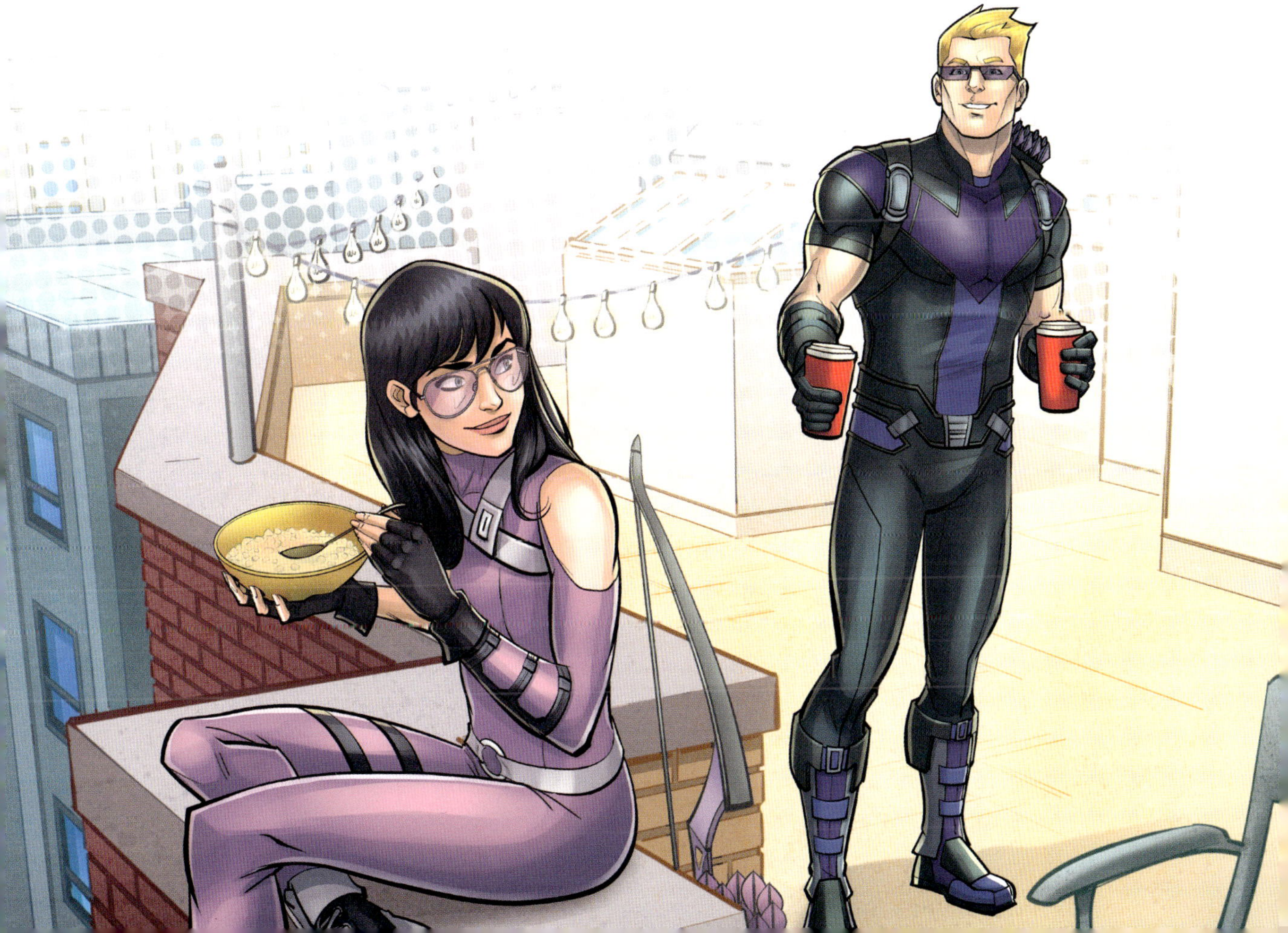

Clint Barton – der andere Hawkeye – hielt zwei To-go-Becher. »Heute ist Training«, sagte er. »Bist du bereit, was zu lernen?«

»Wie, du hast noch was, das du mir beibringen kannst?«

»Ach, ich hab noch ein paar Tricks auf Lager«, antwortete er. Er drückte ihr einen Becher in die Hand.

Der Becherdeckel sprang ab – und eine große Doctor-Doom-Puppe ploppte heraus!

Kate wurde
hellwach und
schlug die Puppe
nieder. Sie hasste
Überraschungen
und Clint wusste
das.

»Ich muss dich auf Trab halten, Hawkeye«, sagte er grinsend.
»Teil des Trainings.«

Kate würde Clint diesen Streich schon heimzahlen. Wenn sie auf alles
gefasst sein musste, dann musste er das auch.

HA HA
HA HA

Kate bekam bald die Gelegenheit, sich zu rächen. Im Fitnessstudio lernte Clint auf die harte Tour, dass Kate keine Superkräfte brauchte, um dem *alten* Hawkeye eins auszuwischen.

Clint wollte seine Hantel anheben, aber sie rührte sich nicht. Er versuchte es noch mal. Und noch mal, ohne Erfolg. Er riss so kräftig an ihr, dass er hinfiel – und sah, dass die Gewichte am Boden festklebten.

»Sorry, Clint«, sagte Kate. »Aber man muss eben auf dem Boden der Tatsachen bleiben.«

Clints Rache folgte sofort. Vor der Schießübung präparierte er Kates Pfeile. Sie schoss einen Pfeil nach dem anderen auf die Zielscheiben, dann griff sie wieder in den Köcher und griff nach …

…einer Gummischlange?!

Kreischend ließ sie sie fallen.

Und so ging es weiter.

Als Kate und Clint über Hausdächer sprangen, merkte Clint, dass Kates ausgestreckte Hand einen Stachel hatte.

Als sie wieder zu Hause waren, bereitete sich Kate auf ein Briefing über die neuesten Schurkentaten von A.I.M. vor. Kaum hatte sie sich aufs Sofa gesetzt, ertönte ein Pupskonzert aus einem Furzkissen.

»Furz und schmerzlos«, sagte Clint achselzuckend.

Aber natürlich trainierten
Kate und Clint auch hart.
Sie nahmen ihren Job als
Superhelden sehr ernst und
halfen sich gegenseitig, besser
zu werden.

Ein Superheld musste nicht nur gegen Schurken kämpfen. Ein wichtiger Teil des Superheld-Seins ist die Nachbarschaftshilfe. Selbst wenn eine Nachbarin mal einen Waschbären auf einem Baum mit einem verirrten Kätzchen verwechselt.

»Warst du
das?«, fragte
Clint, als er vom
Baum herunter-
geklettert war. »Das war ein
ziemlich abgehobener Streich, Hawkeye.«
»Ich wär's zu gern gewesen, Hawkeye, aber
das war einfach nur typisches Clint-Barton Pech.«

Kate und Clint beäugten sich misstrauisch. Während sie auf ihrer Abendpatrouille Böses verhinderten und ihren Nachbarn halfen, waren beide wachsam – denn der nächste Streich folgte bestimmt.

Kate war superwachsam, und deshalb entdeckte sie eine Gestalt, die sich in einer Gasse herumdrückte. Clint funkte die Avengers an.

»In der Gegend wurde A.I.M. schon letzte Woche gesehen«, sagte Captain Marvel. »Folgt ihm.«

Kate und Clint kämpften gegen A.I.M. Kate stand in diesem Kräftemessen ihre Frau, als die übrigen Avengers ankamen. Sie hatte nicht umsonst so hart trainiert.

Gemeinsam besiegten die Avengers
A.I.M.
»Gut gemacht, Hawkeye!«, sagte
Clint.
»Danke, Hawkeye!«, sagte Kate
grinsend.

Kate Bishop trainierte konzentriert und versuchte, immer besser zu werden und eine gute Teampartnerin zu sein. Sie hielt es sogar mit Clint aus – und das will was heißen. Kate war zu allem bereit – auch dazu, allen zu beweisen, dass sie als Hawkeye die Bessere ist.

Im Zauberbann

Im New Yorker Greenwich Village trainierten Doctor Strange und Scarlet Witch im Sanctum Sanctorum, dem magischen Haus von Doctor Strange, ihre magischen Fähigkeiten. Doctor Strange übte mit Scarlet Witch Zauber ein und ihre Hex-Blitze wurden stärker und stärker. Sie sammelte Energie in ihren Händen und …

Doctor Strange brachte sich in Sicherheit. Selbst mithilfe seines schwebenden Umhangs war er fast nicht schnell genug.

Der Hex-Blitz explodierte und sein Schreibtisch brannte lichterloh!

»Du wirst immer besser«, meinte Doctor Strange. »Diese geballte Kraft wird eines Tages sehr nützlich sein.«

»Danke«, sagte Scarlet Witch. »Aber ich glaube, für heute haben wir genug geübt. Wie wär's mit einem Kaffee? Ich lade dich ein.«

Als sie zur Haustür gingen, sprach Doctor Strange lautlos einen Wasserzauber. Die Flammen auf seinem Schreibtisch waren schnell gelöscht. »Nach dir«, sagte er.

Die kühle Herbstluft war das Erste, was Doctor Strange und Scarlet Witch auffiel, als sie aus Stranges von Magie geschütztem Haus traten. Das Zweite, was ihnen auffiel, war, dass alle Leute auf der Straße festgefroren waren.

»Nicht unbedingt das, was man sehen will«, sagte Doctor Strange. Scarlet Witch sagte nichts.

Doctor Strange sah sich seine Avenger-Partnerin an. Scarlet Witch stand regungslos da. Ihr Mund stand leicht offen. Ihre Augen waren aufgerissen, aber sie blinzelte nicht. War sie in Trance?

Plötzlich wurde Doctor Strange von Angst gepackt.

Er konnte sich auch nicht mehr bewegen!

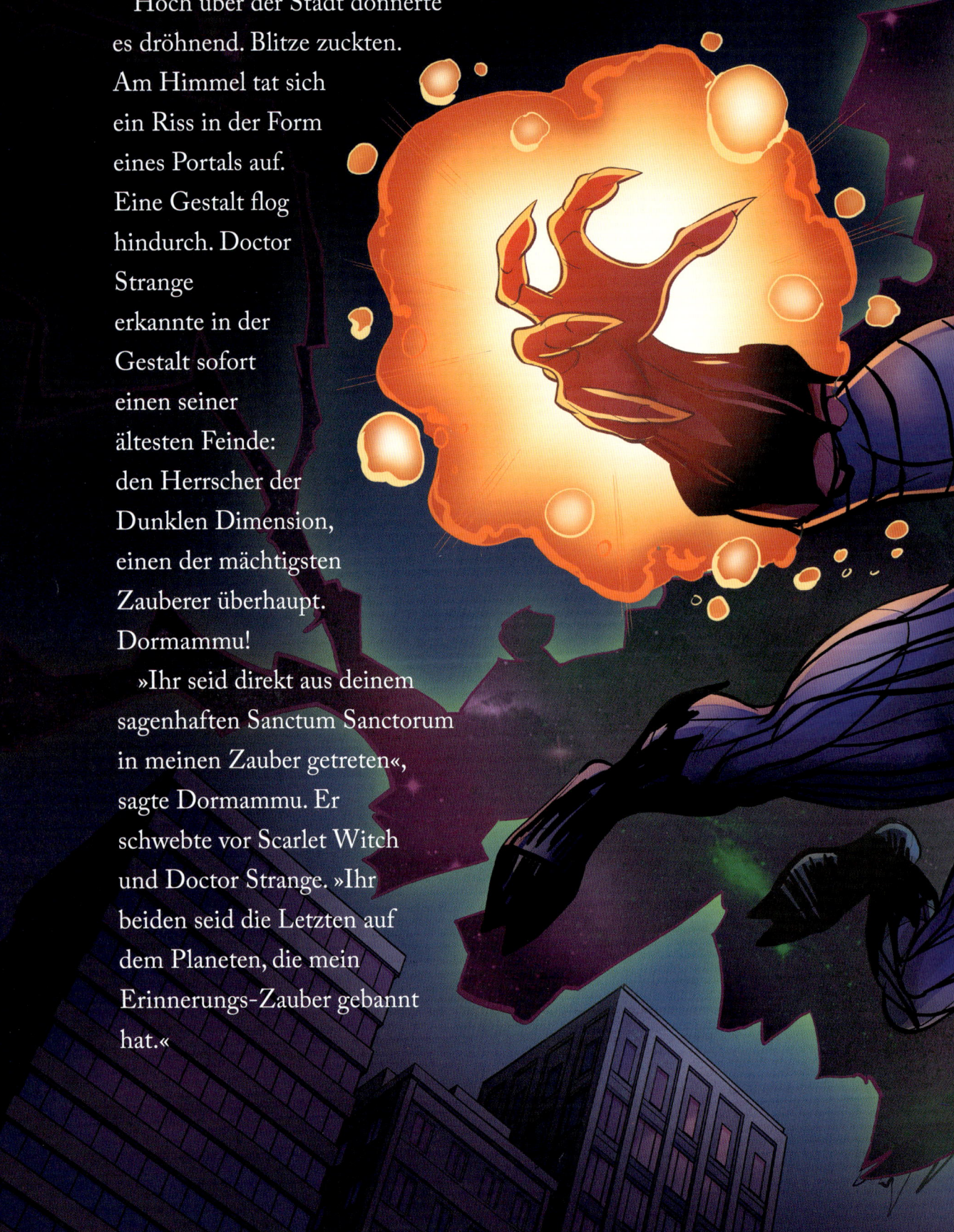

Hoch über der Stadt donnerte es dröhnend. Blitze zuckten. Am Himmel tat sich ein Riss in der Form eines Portals auf. Eine Gestalt flog hindurch. Doctor Strange erkannte in der Gestalt sofort einen seiner ältesten Feinde: den Herrscher der Dunklen Dimension, einen der mächtigsten Zauberer überhaupt. Dormammu!

»Ihr seid direkt aus deinem sagenhaften Sanctum Sanctorum in meinen Zauber getreten«, sagte Dormammu. Er schwebte vor Scarlet Witch und Doctor Strange. »Ihr beiden seid die Letzten auf dem Planeten, die mein Erinnerungs-Zauber gebannt hat.«

Doctor Strange hörte nicht, was sein alter Feind sagte.
Dormammus Zauber hielt ihn gefangen. Strange war mit den
Gedanken woanders – in der Vergangenheit, mitten in einer
Erinnerung.

Damals war Doctor Stephen Strange ein erfolgreicher Chirurg gewesen.
Das Geld, der Erfolg und der Ruhm waren ihm zu Kopf gestiegen.
Er war egoistisch und glaubte, sich nicht an Regeln halten zu müssen.

Eines Nachts fuhr er viel zu schnell über eine kurvenreiche Straße. Sein Auto raste über eine Felskante. Es stürzte in die Tiefe und explodierte. Alles um Doctor Strange wurde schwarz.

In seiner Erinnerung wachte Stephen Strange auf und stellte fest, dass er nie mehr Chirurg sein konnte. Seine Hände waren zu schwer verletzt.

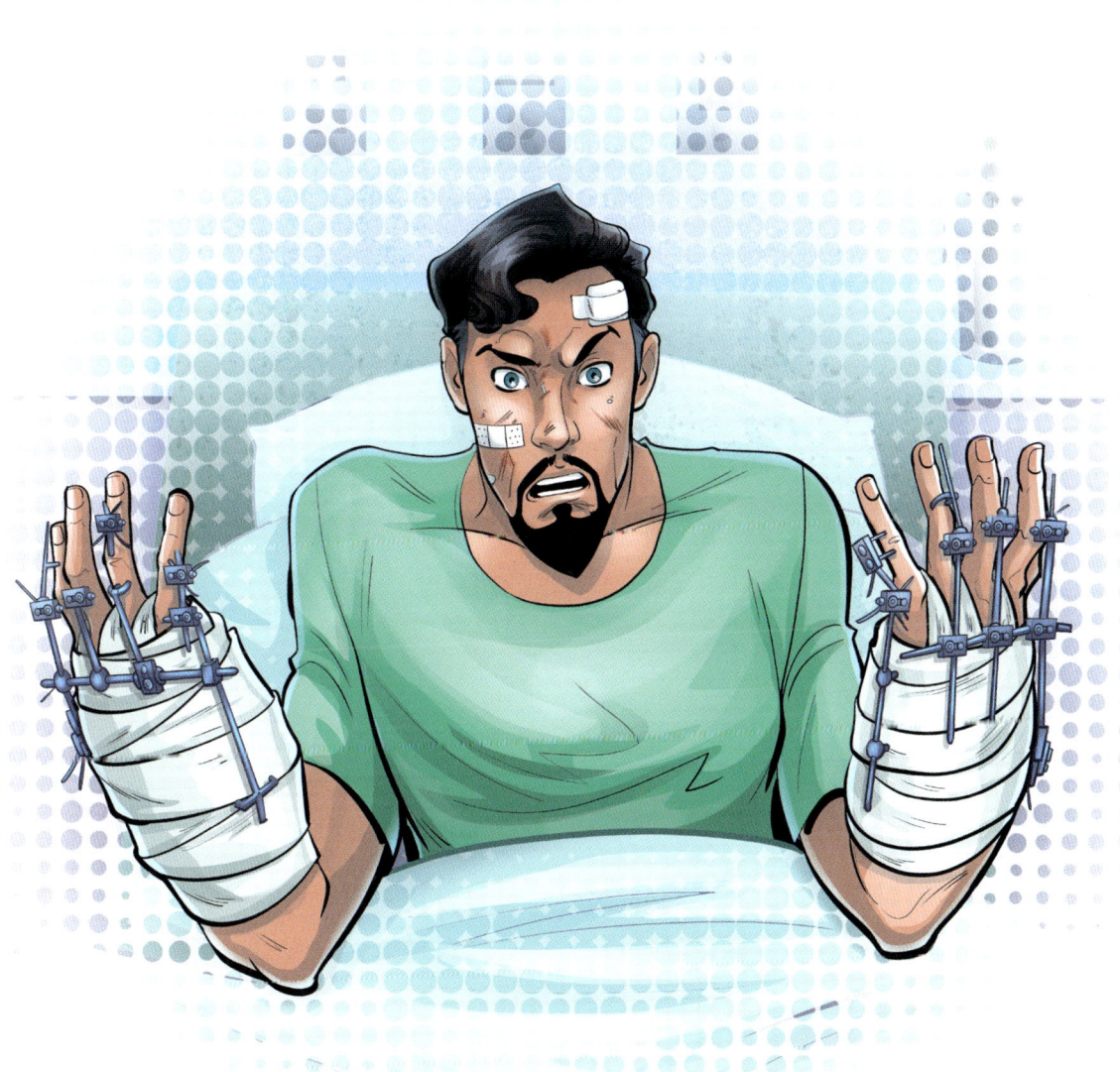

Aber Doctor Strange wollte
nicht aufgeben. Auf der ganzen
Welt suchte er nach einem
Heilmittel. Was er fand, war
etwas anderes.
Was er fand, war einfach …
magisch.

Er begegnete einer Zauberin, die *Die Älteste* genannt wurde, und lernte von ihr, dass es nicht darauf ankam, seine Hände zu heilen. Er musste seine Einstellung ändern. Sein altes Leben war vorbei. Es wurde Zeit, nicht nur an sich selbst, sondern an andere zu denken.

Doch bevor er etwas – irgendetwas – tun konnte, war Doctor Strange auf einmal wieder im Krankenhaus. Er war wieder Chirurg.

Der Erinnerungs-Zauber ging von vorne los. Er saß in einer Wiederholungsschleife fest!

Doctor Strange war nicht der Einzige, der in einer Erinnerung gefangen war. Auch Scarlet Witch wurde in Dormammus Zauberbann festgehalten. Sie war wieder das kleine Mädchen Wanda Maximoff auf dem Berg Wundagore. Als sie älter wurde, merkte Wanda, dass sie Chaos-Magie verwenden und Energie abfeuern konnte, die sie Hex-Blitze nannte. Auch ihr Zwillingsbruder Pietro entdeckte seine fantastische Fähigkeit. Er war superschnell. Wanda und Pietro wollten nicht anders sein, sie wären viel lieber normal gewesen.

Wanda glaubte nicht, dass sie etwas Gutes in der Welt bewirken konnte. Sie und ihr Bruder, der sich nun Quicksilver nannte, schlossen sich einem Schurken-Team an.

Als Scarlet Witch den Avengers begegnete, erkannten sie und ihr Bruder bald, dass sie sich geirrt hatten. Die Avengers hatten auch besondere Fähigkeiten, aber sie waren stolz darauf.

Sie waren stolz darauf, anders zu sein.

Die Helden wurden ihre Vorbilder. Aber bevor sie sich erinnern konnte, wann sie selbst eine Avengerin geworden war, zwang der Zauberbann Wandas Gedanken zum Berg Wundagore zurück.

Dormammu war höchst zufrieden. Er hatte die Zauberer der Erde genau da, wo er sie haben wollte – und diese Dimension gehörte endlich ihm. Doch Dormammu ahnte nicht, dass ihre magischen Fähigkeiten den Helden sagten, was real war und was nicht. Doctor Strange erinnerte sich daran, dass er kein Egoist mehr war – er war der Oberste Zauberer! Und Wanda war keine Schurkin mehr – sie war eine Avengerin! Sie hatten ihr Leben zum Guten gewendet. Sie waren jetzt Helden.

Weißglühende Energie entlud sich in einer Explosion und warf
Dormammu zu Boden. Die beiden Helden hatten sich aus ihren
Erinnerungsschleifen befreien können und schlugen zurück!

Scarlet Witch feuerte einen Hex-Blitz auf den Schurken ab, bevor der
wusste, wie ihm geschah. Gleichzeitig öffnete Doctor Strange hinter
Dormammu ein Portal zu einer Gefängnis-Dimension.

»Und tschüs«, sagte Scarlet Witch. Bevor Dormammu reagieren
konnte, schoss sie noch einen Hex-Blitz auf ihn, mächtiger als alle
zuvor. Der böse Zauberer wurde in die Dimension hinter dem Portal
geschleudert.

Grelles Licht zuckte auf, das Portal – und Dormammu – verschwand!

Überall auf der Straße erwachten die Leute aus ihrer Trance. Sie schüttelten nur die Köpfe und gingen weiter, als wäre überhaupt nichts geschehen.

»Ich hab dir doch gesagt, dass diese geballte Kraft nützlich sein kann«, sagte Doctor Strange.

Scarlet Witch lachte. »Also … morgen um die gleiche Zeit?«

»Natürlich«, antwortete Doctor Strange. »Aber den Kaffee trinken wir vor dem Training!«

Scarlet Witch freute sich schon darauf.

Aufzug zum Abenteuer
Teil Eins

Die Stiefel von Winter Soldier rutschten über den nassen Schnee auf dem Dach. Er fing sich wieder, wurde aber nicht langsamer. Er war auf Nachtpatrouille und auf der Suche nach einer spannenden Abwechslung. Als er auf das Dach des Nachbarhauses sprang, summte es in seinem Ohr.

»Bucky? Hörst du mich?«

Es war Captain Americas Stimme.

»Hey, Cap«, sagte Winter Soldier und rollte sich bei der Landung auf dem Dach des Lagerhauses ab.

»Laut GPS bist du in der Nähe der Manhattan Bridge«, sagte Captain America über den Avengers-Funkempfänger in Winter Soldiers Ohr.

»Ich find's toll, wenn du mich kontrollierst«, sagte Winter Soldier ironisch. Als er noch ein Junge war und einfach nur Bucky Barnes hieß, waren er und Captain America Partner gewesen. Jetzt war Bucky erwachsen und konnte nicht widerstehen, seinen Mentor ab und an zu veralbern.

Cap ging nicht darauf ein. Er sagte nur: »Es ist was passiert.«

»Etwa einen Block von dir entfernt ist eine ungenutzte topsecret S.H.I.E.L.D.-Basis«, fuhr Captain America fort. »Da wurde eingebrochen.«

»Adresse?«, fragte Winter Soldier. Es störte ihn nicht, Befehle entgegenzunehmen – solange es Captain Americas Befehle waren.

»Unter der Erde, an der Ecke Morris- und Zweite Straße«, sagte Cap. »Die Basis sieht aus wie eine ganz normale Baustelle.«

»Wow«, sagte Bucky beeindruckt, als er dort ankam. »Das nenn ich eine Tarnung.«

Er wäre nie darauf gekommen, dass da außer Stahlträgern und einem Aufzug noch etwas war.

»Die Alarmanlage ging im Untergeschoss 2 los«, sagte Cap. »Im Labor wird ein Mini-Kraftfeld-Projektor gelagert. Ich habe gerade gehört, dass Taskmaster sich den unter den Nagel reißen will. Ich bin quasi auf dem Weg, aber ich werde ein paar Minuten brauchen.«

»Lass dir Zeit«, flüsterte Winter Soldier, damit Taskmaster ihn nicht hörte. »Ich war sowieso auf der Suche nach etwas Action.«

Er stellte seinen Funkempfänger auf leise. Dann hielt er eine Sekunde lang den Atem an. Er lauschte aufmerksam und ließ seinen Blick schnell über den oberirdischen Teil des Gebäudes schweifen. Vorsichtig ging er zum Aufzug.

Er legte seine Metallhand auf ein Bedienungsfeld neben der Aufzugtür. Der Bildschirm leuchtete rot auf. Bucky bog die Finger. Aus seiner Hand schoss Strom. Der Bildschirm leuchtete grün.

Winter Soldier lächelte. Seine Metallhand war ihm schon bei vielen Missionen sehr nützlich gewesen. Auch jetzt wieder.

Nach ein paar Sekunden öffneten sich die Aufzugtüren mit einem
Ding. Plötzlich schoss ein Laserstrahl auf Winter Soldier zu.
Zum Glück streifte er seinen Metallarm nur.

Zwei kreisende Drohnen feuerten mehr Laserstrahlen ab. Winter
Soldier sprang hoch. Seine Finger legten sich um den Stahlträger über
ihm und er zog sich hinauf. Surrend verfolgten die Drohnen ihn

Als die erste Drohne auf ihn zuflog und ihr Laserstrahl seinen Kopf nur knapp verfehlte, sprang Bucky los und packte die Drohne mit beiden Händen. Es fühlte sich an, als würde er versuchen, einen riesigen Kreisel festzuhalten, aber er ließ nicht locker. Sein Gewicht drückte die Drohne nach unten, sie krachte gegen die zweite und schleuderte sie zu Boden. Bucky schwang sich auf den nächsten Stahlträger. Die erste Drohne zertrümmerte er an einem Stützpfeiler. Es regnete Funken!

Bucky studierte die traurigen Reste der Drohne. Das war keine S.H.I.E.L.D.-Technik. Das gehörte jemand anderem.

Plötzlich schallte Gelächter aus dem Aufzug.

»Klingt wie eine Einladung«, murmelte Winter Soldier. Er stieg in die wartende Aufzugkabine und drückte den Knopf mit der Aufschrift UNTERGESCHOSS 2.

Als die Türen sich schlossen, sah Winter Soldier nach oben.

Da war kein Notausstieg. Er fasste in eine Tasche an seinem Gürtel.

Plötzlich ruckte der Aufzug. Dann ruckte er noch einmal. Winter Soldier begriff sofort, was das bedeutete. Die Seile des Aufzugs rissen! Irgendwer hatte sie beschädigt.

Schnell warf er eine kleine Kapsel an die Kabinendecke und schützte sein Gesicht, als die Kapsel explodierte.

In dem Moment, als Bucky hochsprang, um zu dem frisch gesprengten Loch zu gelangen, gab der Boden unter seinen Füßen nach. Mit seinem Metallarm tastete er an der Schachtwand nach etwas … irgendetwas, an dem er sich festhalten konnte.

Die Kabine rauschte in die Tiefe und zerschellte im Untergeschoss 3. Die Druckwelle ließ den Aufzugschacht beben. Über den Trümmern schwebte eine Gestalt auf einem kreisrunden Fluggleiter.

Das Lachen des Manns dröhnte durch den Schacht. Sein Kürbishelm erleuchtete alles mit seiner flackernden Flamme – Jack O'Lantern! Er triumphierte.

Seine Falle hatte perfekt funktioniert. Kaum hatten seine Drohnen Winter Soldier entdeckt, hatte er die Aufzugseile angeschnitten.

Durch seinen seltsamen flammenden Helm suchte Jack O'Lantern die Trümmer ab.

»Wonach suchen wir denn?«, fragte eine Stimme über ihm.

Jack O'Lantern sah nach oben und da traf Winter Soldiers Stiefel seinen Kürbiskopf. Winter Soldier hatte sich über ihm im Aufzugschacht versteckt. Der Tritt warf Jack O'Lantern von seinem Gleiter.

Der Schurke krachte mit einem dumpfen Geräusch zu Boden. »Wie…wie hast du?« Jack O'Lantern war zu geschockt, um einen ordentlichen Satz zu bilden. Er hob die Hand und richtete sie auf Winter Soldier. Es machte *klick*, mehr aber auch nicht.

Jack O'Lanterns Handgelenk-Waffe feuerte nicht. Sie war bei dem Sturz kaputtgegangen.

»Na los, ergib dich, Kürbiskopf«, sagte Bucky grinsend.

Jack O'Lantern zog eine Kürbis-Bombe von seinem Gürtel.
Er warf sie auf Winter Soldier.

Bucky schlug sie beiseite, als wäre sie nur eine lästige Fliege.

Die Bombe explodierte harmlos an einer Mauer. Winter Soldier
grinste breiter.

Aber Jack O'Lantern hatte nichts mehr zu lachen.

Es war sehr still im Untergeschoss 3, als Winter Soldier Jack O'Lantern die letzten Fesseln anlegte.

Plötzlich durchbrach Buckys Funkempfänger die Stille.

»Ich bin fast da«, sagte die Stimme von Captain America in sein Ohr. Sie klang gedämpft. So tief unter der Erde war der Empfang nicht gut.

»Du hast das Beste verpasst«, sagte Winter Soldier. »Ich hab Jack O'Lantern geschnappt, aber ich glaube, wir haben immer noch ein Problem.«

»Wieso?«, fragte Cap.

»Hier ist kein Kraftfeld-Projektor«, antwortete Winter Soldier.
»Ich hab den ganzen Riesenkürbis durchsucht.« Er lächelte auf Jack
O'Lantern herunter. Der Schurke grunzte. »Ich seh gleich noch im
Labor nach, aber …«

Bevor Winter Soldier seinen Satz zu Ende sprechen konnte, wurde
die Verbindung unterbrochen. Aus den Schatten hinter ihm hörte er so
etwas wie Flügelrauschen.

»Es ist schlimmer, als du denkst«, sagte eine geheimnisvolle Stimme.

Winter Soldier ballte die Fäuste.

Jetzt wurde es endlich spannend.

Fortsetzung folgt …

Aufzug zum Abenteuer
Teil Zwei

Eine Gestalt schwebte in der Dunkelheit über Winter Soldier. Das Licht im Korridor der S.H.I.E.L.D.-Basis brannte nicht hell, sondern flackerte nur. Es war schwer, etwas zu erkennen. Bucky bereitete sich auf einen Kampf vor. Dann glitt die Gestalt ins Licht, ihre Stiefel landeten lautlos auf dem Metallfußboden.

»Wir müssen uns beeilen«, sagte der Mann. Es war Falcon.

»Hier lang«, sagte Falcon. Er sprintete auf die Treppe zu. Bucky folgte ihm, ohne zu zögern.

Während sie zum Labor ein Stockwerk höher rannten, erzählte Falcon Bucky, was er bisher erlebt hatte. Er hatte das Gefühl, irgendetwas übersehen zu haben. Etwas Wichtiges.

Etwas früher an diesem Abend war Sam Wilson, besser bekannt als Falcon, auf dem Weg nach Hause gewesen. Er hatte eine ziemlich anstrengende Patrouille hinter sich und versuchte, sich auf dem Heimflug zu entspannen. Die kalte Luft und das Schneetreiben taten ihm gut.

Da sah er auf einmal eine dunkle Wolke heranziehen. Erst begriff Falcon nicht, was er da sah. Die Wolke schwirrte und schwankte, als wäre sie lebendig. Als er ihr näher kam, merkte Falcon, dass es gar keine Wolke war. Es war ein Schwarm Fledermäuse!

Plötzlich waren die Fledermäuse überall. Falcon spannte schützend seine Flügel auf. Zum Glück interessierten sie sich nicht besonders für ihn. Sie schienen ein anderes Ziel zu haben.

Falcon beobachtete sie, er wollte wissen, wohin sie flogen. Die Fledermäuse flatterten geschlossen auf eine Baustelle zu.

»Was soll das denn?«, murmelte Falcon. Er legte die Flügel an und ging in den Sinkflug.

Als er nahe genug war, sah er, dass die Fledermäuse den Aufzug in der Mitte der verlassenen Baustelle ansteuerten. Die Türen zum Schacht standen offen, als würden die Flattertiere sie erwarten. Falcon beschleunigte zielstrebig.

Er glitt in den leeren Aufzugschacht. Die Türen begannen sich zu schließen, aber Falcon schaffte es gerade noch hinein, bevor sie zuknallten.

Sein Sturzflug kam Falcon unendlich lang vor. Endlich gewöhnten sich seine Augen an die Dunkelheit. Er und die Fledermäuse mussten inzwischen sehr tief unter der Erde sein. Das war nicht einfach nur eine Baustelle.

Die Fledermäuse schwirrten durch die offenen Türen in ein Stockwerk, das als *Untergeschoss 2* ausgeschildert war. Falcon bremste ab und landete direkt vor dem Schacht. Der Korridor war leer.

Die Wände waren aus glänzendem Metall, die Türen, die vom Korridor abgingen, waren aus dickem Stahl und verschlossen. An der Decke hingen Hightech-Überwachungskameras mit zerbrochenen Linsen. Da wusste Falcon, wo er war. Er war in einer S.H.I.E.L.D.-Basis.

Am Ende des langen Korridors konnte Falcon das Flattern von Flügeln erkennen und ein Licht, das aus einer offenen Tür zu fallen schien. Er ging ein paar Schritte, da wurde einer seiner Flügel von zwei fledermausförmigen Wurfsternen getroffen. Bevor Falcon reagieren konnte, kam eine viel größere Fledermaus auf ihn zugeschossen!

Als Falcon sich duckte, um der »Fledermaus« auszuweichen, merkte er, was da wirklich herangerast kam. Es war ein Gleiter, wie ihn ein Schurke benutzte, gegen den er und Captain America schon oft gekämpft hatten. Ein Verbrecher, der Fledermäuse beherrschen konnte.

»Als ich Verstärkung angefordert habe, habe ich nicht mit einem Menschen gerechnet«, sagte eine Stimme.

Falcons Verdacht hatte sich bestätigt. »Blackwing«, sagte er, als der Gleiter des Schurken gegen die Wand hinter ihm krachte.

Blackwing griff in seinen Umhang und zog einen Kampfstock hervor. Wortlos stürzte er sich auf Falcon, seine Fledermäuse flogen ihm voran. Falcon erhob sich in die Luft. Der enge Korridor ließ ihm wenig Bewegungsfreiheit, aber ihm war sowieso nicht nach etwas Ausgefallenem. Er flog direkt auf Blackwing zu.

Wie ein Speer, der auf sein Ziel zufliegt, stieß Falcon durch die Fledermaus-Wolke. Blackwing riss die Augen auf, als er dieses menschliche Geschoss auf sich zurasen sah. Der Schurke wollte dem Helden ausweichen, doch es war zu spät. Blackwing wurde rückwärtsgestoßen, durch die offene Tür am Ende des Korridors und auf einen gläsernen Arbeitstisch im Hightech-S.H.I.E.L.D.-Labor.

Sam nutzte seinen Schwung, machte einen Salto und landete auf den Füßen.

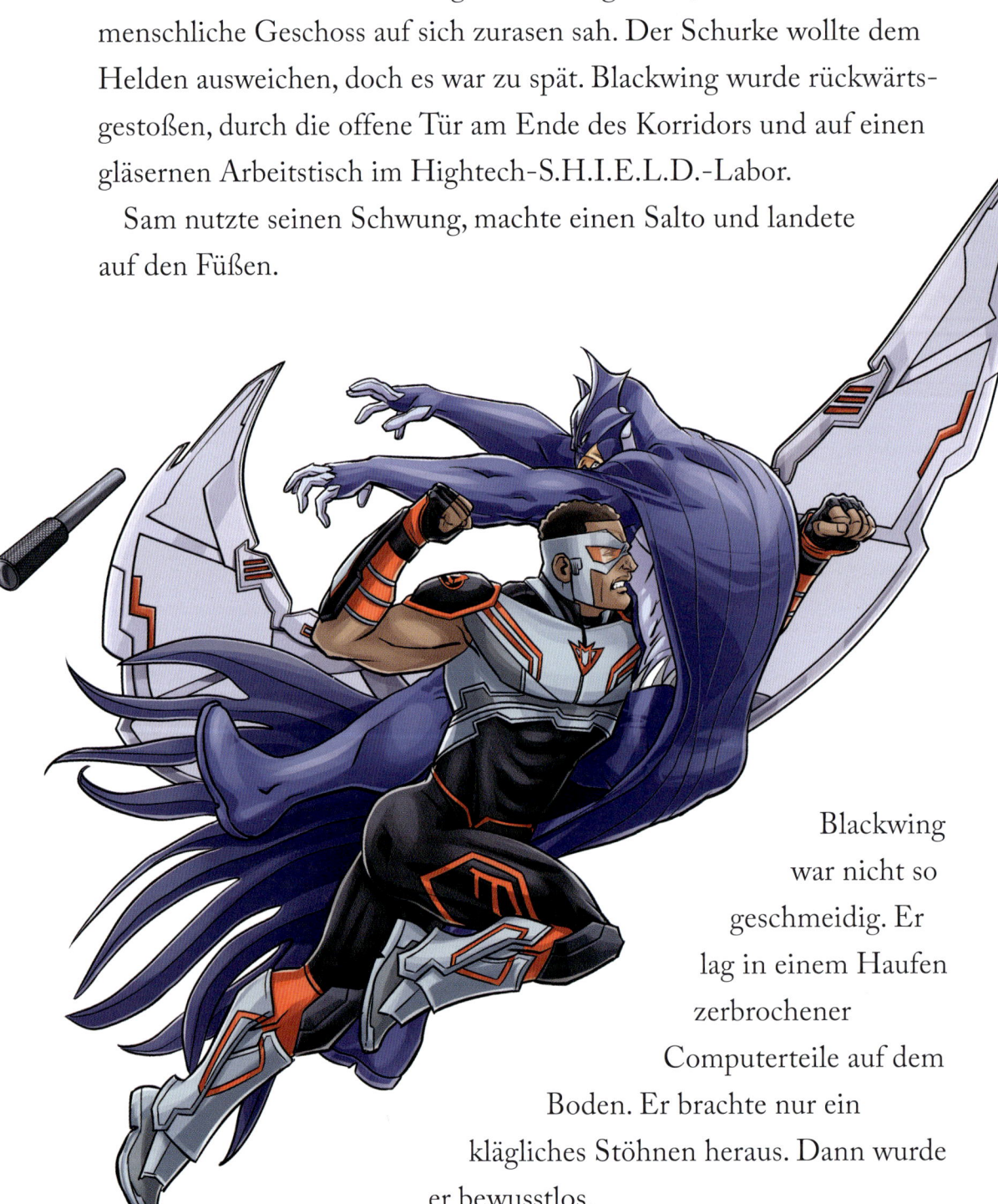

Blackwing war nicht so geschmeidig. Er lag in einem Haufen zerbrochener Computerteile auf dem Boden. Er brachte nur ein klägliches Stöhnen heraus. Dann wurde er bewusstlos.

»Ich hab ihn hier liegen lassen«, sagte Falcon. Er und Winter Soldier waren gerade in das S.H.I.E.L.D.-Labor im Untergeschoss 2 gestürzt. Sie hatten für ihren Sprint nur ein paar Sekunden gebraucht.

»Du hast vorhin was von einem Kraftfeld-Projektor in dein Funkgerät gesagt«, meinte Falcon. »Ich habe schon mal Prototypen gesehen, aber der Kerl hatte nichts Ähnliches bei sich.« Er nickte zu Blackwing hinüber, der reglos mitten im Labor lag. »Sonst ist mir nur der leere Safe aufgefallen.«

»Jack O'Lantern und Blackwing …«, sagte Winter Soldier. »Sollten die uns nur ablenken?« Er hob Blackwings Kampfstock auf.

»Das glaube ich jedenfalls«, sagte Falcon. »Zwei Typen, die nichts zu sagen haben, uns aber auf Trab halten.«

»Keine Verbindung«, sagte Winter Soldier und tippte auf sein Ohr. »Cap ist auf dem Weg, aber wann er …«

»Moment«, unterbrach Falcon ihn. »Da.« Er zeigte auf eine einsam flatternde Fledermaus in einer Ecke des Labors. Das verwirrte Tier flog in den Korridor hinaus, aber nicht in Richtung Aufzugschacht. »Es muss noch einen anderen Weg nach draußen geben«, sagte Falcon.

Er flog los, Winter Soldier rannte hinter ihm her. Sie folgten der Fledermaus in einen langen, leeren Tunnel.

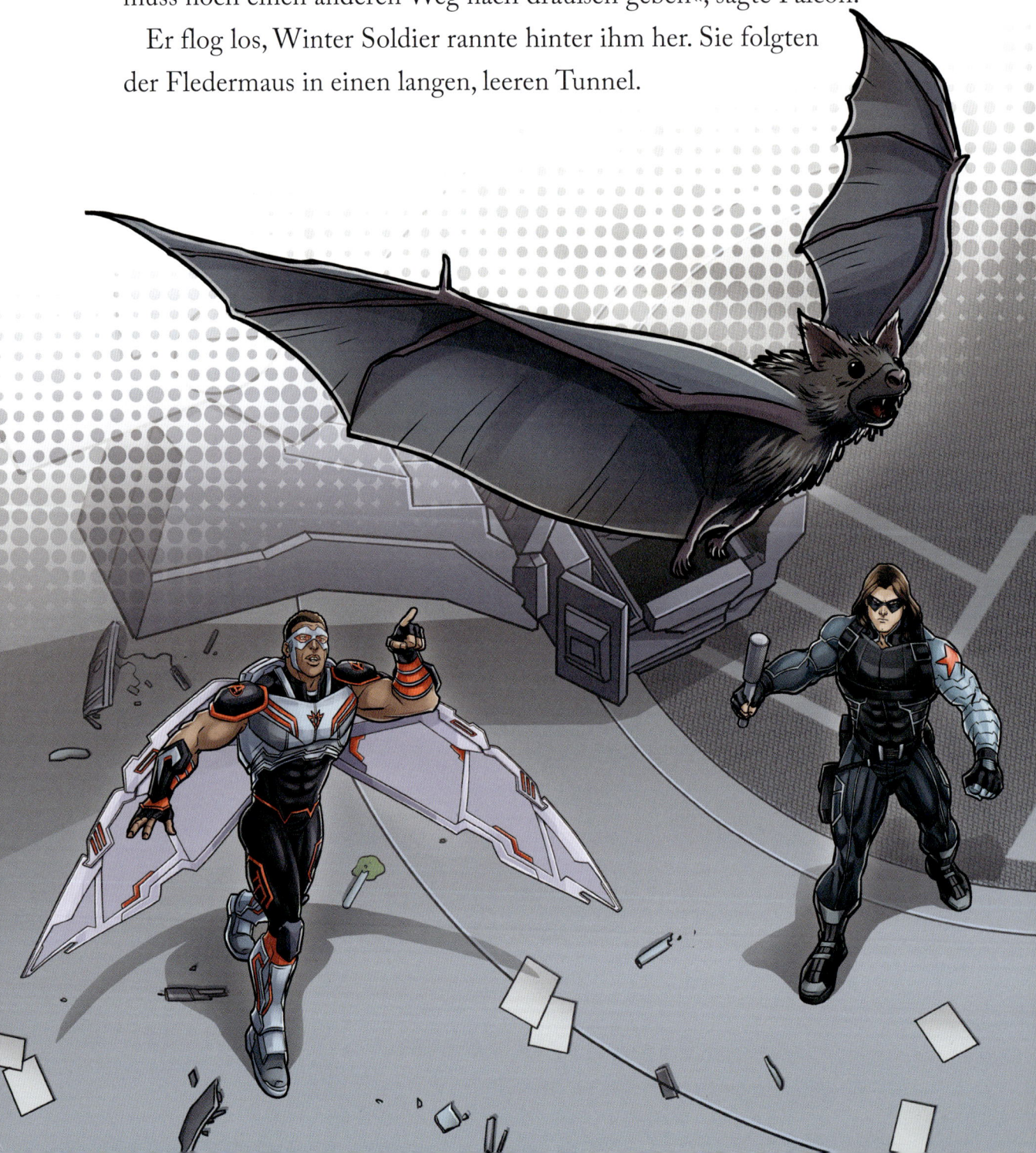

Am Ende des Tunnels stand eine Gestalt, die in Orange und Blau gekleidet war. Als sie sich zu den beiden Helden umdrehte, erkannte Falcon sofort, wer es war: Taskmaster! Er war gefährlicher als Blackwing und Jack O'Lantern zusammen.

In der einen Hand hielt Taskmaster einen Schild, der dem von Captain America ähnelte. In der anderen hielt er ein kleines Gerät, etwa so groß wie eine Fernbedienung. Falcon erkannte sofort, dass es der verschwundene Kraftfeld-Projektor von S.H.I.E.L.D war.

»Ich hätte doch mehr böse Jungs anheuern sollen«, sagte Taskmaster.

Falcon ließ den Schurken nicht aus den Augen und flüsterte Winter Soldier zu: »Ziel auf die Taste.«

Winter Soldier kniff die Augen zusammen. Er hatte oft genug mit Falcon zusammengearbeitet, um zu wissen, was er meinte.

Als Taskmaster sich bereit machte, seinen Schild auf die Helden zu schleudern, warf Winter Soldier Blackwings Kampfstock.

Winter Soldier war immer ein hervorragender Schütze gewesen. Das bewies er auch mit diesem Wurf. Der Kampfstock traf die Taste des Projektors, just als Falcon sich mit Höchstgeschwindigkeit auf Talkmaster stürzte. Die beiden Helden hatten viel von Captain America gelernt – Bucky griff von unten an, Falcon aus der Luft.

Taskmaster uberlegte nicht zweimal. Er warf den Schild auf den heranrasenden Falcon. Hätte er doch noch einmal nachgedacht, wäre Talkmaster vielleicht klar geworden, dass der Kraftfeld-Projektor jetzt eingeschaltet war. Aber nun prallte der Schild an dem schützenden Energiefeld ab und wurde auf ihn zurückgeschleudert. Der Aufprall betäubte den Schurken in dem Moment, in dem Falcon ihn umwarf.

Der Kraftfeld-Projektor rutschte Taskmaster aus der Hand und schlitterte über den Boden.

Er wurde von Captain Americas Stiefeln ausgebremst.

»Ihr scheint meine Hilfe nicht gebraucht zu haben«, sagte Cap, als er das Gerät aufhob. Er drückte auf die Taste. Sofort fuhr das Kraftfeld um Taskmaster herunter.

Der Schurke legte seine Pistole auf den Boden und hob die Hände, um sich zu ergeben.

»Glaubst du etwa, du wärst der einzige Captain America in der Stadt?«, fragte Winter Soldier und grinste Cap an. Er klopfte Falcon auf die Schulter und Falcon grinste auch.

Die Helden zogen Taskmaster vom Boden hoch und führten ihn zur S.H.I.E.L.D.-Basis zurück. Die Lichter im Korridor brannten hell, aber es war kaum ein Schatten zu sehen.

Feind Nummer eins

Hallo! Ich weiß, in diesem Buch stehen viele Geschichten, aber diese ist die einzige, die du wirklich brauchst. Sie handelt schließlich vom größten Helden aller Zeiten. Mir! Loki!

Welche Geschichte soll ich dir erzählen? Ich kenne so viele gute. Zum Beispiel wie ich Thor beschämt habe. Oder wie ich die vereinten Avengers besiegt habe. Oder wie ich Hulk verprügelt habe.

Ha, ich hab's – jeder gute Held braucht einen Feind. Ich erzähl dir von meinem größten Feind. Einem echt fiesen Schurken.

Es war einmal, da fielen riesige Wölfe mit grausigen Zähnen und messerscharfen Krallen über das Land um Asgard her. Es wurde so schlimm, dass sich die besten Jäger von Asgard versammelten, um die Wölfe zu jagen. Mein Bruder Thor, der mehr Muskeln als Köpfchen hat, wollte mit ihnen gehen, aber sie sagten ihm, er wäre zu jung.

»Du bist der Prinz von Asgard«, sagte ich ihm. »Du brauchst keine Erlaubnis. Lass uns zusammen losziehen, Bruder, und glorreich siegen.« Thor war einverstanden und so zogen wir los.

Unterwegs hatte ich eine prima Idee für einen Streich. Ich vertauschte Thors Schwert gegen ein Trickschwert, das beim kleinsten Hieb zerbrechen würde. Dann würden ihn die Wölfe fressen. Wie gesagt, eine prima Idee.

Aber dann musste *sie* auftauchen und alles ruinieren. Dieses Bauernmädchen mit den langen blonden Haaren, das die Wölfe mit einem Stock angriff. Thor musste ihr natürlich gleich helfen.

Es lief ganz nach meinem Plan. Kaum schlug Thor auf einen Wolf ein, da zerbrach die Schwertklinge. Er wäre völlig hilflos gewesen!

Doch dann kam dieses Mädchen mit ihrem Stock an. Erst hat sie ihn verteidigt, dann haben sie sich zusammengetan! Thor bat um meine Hilfe, also hab ich einen Feuerball in den Himmel geworfen, meilenweit von den Wölfen weg.

Stell dir vor, die Jäger von Asgard haben den doch glatt gesehen und kamen, um uns zu retten. Na bravo.

Ich war sauer, aber wenigstens war ich das Bauernmädchen los, richtig? FALSCH! Einen Monat später kam sie nach Asgard. Eigentlich ist sie nämlich eine Lady von Asgard und als gute Kämpferin wollte sie bei uns trainieren. Sie hieß Sif und sie war schrecklich.

Aber es kam noch schlimmer: Thor redete die ganze Zeit von ihr. Ständig »Sif dies« oder »lange goldene Locken das«. Das Einzige, was ekliger ist als mein Bruder Thor, ist mein verliebter Bruder Thor. Bäh.

Thor und Sif hingen die ganze Zeit zusammen rum. Und sie redete ihm bald dummes Zeug ein.

»Loki meint es bestimmt nur gut mit dir, Thor, aber ich finde, Marshmallows auf Surtur zu grillen, klingt gefährlich. Willst du nicht lieber mit mir üben?«

Sie hat das mit Absicht gemacht! Sie war dabei, all meine Pläne zu ruinieren. Ich musste einen Weg finden, sie zu stoppen.

Weil ich ein Genie bin, schmiedete ich den perfekten Plan. Ich wollte mitten in der Nacht mithilfe von Magie jedes einzelne von Thor so geliebte goldene Haar klauen und mich dann davonschleichen. Niemand würde mich verdächtigen. Wenn Thor nicht mehr ständig mit Sif abhing, könnte ich wieder versuchen, ihn zu den Frostriesen zu stecken.

Es hätte fast geklappt.

Auf dem Rückweg war ich wohl nicht leise genug, denn auf einmal hörte ich ein Brüllen wie von einem wilden Tier, und Sif schoss auf mich zu.

In der Mitte des Raums warf sie sich auf mich. Ich war zu überrascht, um mich zu verteidigen. Sie hockte sich auf mich und schrie: »Warum hast du das getan? Ich war doch immer nett zu dir!« Sie schrie ohrenbetäubend.

Thor kam als Erster angerannt. Er wollte mich vor dem kahlköpfigen Angreifer retten, aber als er sah, dass es Sif war, hielt er sich zurück. Dann kamen unsere Eltern, Freya und Odin, angerannt. Sif erzählte ihnen alles haarklein.

»Ich kann es ersetzen!«, schrie ich, damit sie mich endlich losließ.

»Na gut«, sagte Odin. »Du hast einen Tag, um Sifs Haar zu ersetzen, oder ich erlaube ihr, sich zu rächen.«

Die Sache ist die, *herzaubern* ist viel schwerer als *wegzaubern*.

Ich wusste nicht, wo ich eine volle Haarpracht hernehmen sollte, aber da fielen mir die Zwerge von Nidavellir ein. Zwerge können alles.

Und sie sind unverschämt. Ich versuchte es bei den besten Schmieden, aber die sagten alle, sie wollten nicht für einen Betrüger arbeiten. Da fragte ich eben den zweitbesten Schmied. Erst wollte er nicht, bis ich sagte: »Ich habe gehört, dass du der zweitbeste Schmied bist. Ich weiß, wie das ist. Mein Leben lang bin ich Odins zweitbester Sohn. Wenn wir uns zusammentun, können wir heute vielleicht die Besten sein.«

Damit habe ich ihn überzeugt. Er fing gleich an zu arbeiten.

Und ein paar Stunden später hatte er eine Krone mit einem vollen blonden Haarschopf angefertigt. Er gab sie mir und sagte: »Du musst sie nur wem auf den Kopf setzen und sagen, dass er wieder einen vollen blonden Haarschopf hat. Und jetzt zu meinem Lohn.«

»Von Lohn war nie die Rede.« Ich lachte, schnippte mit den Fingern und verschwand. So ein Trottel!

Zu Hause lud ich zu einer kleinen Zeremonie ein, damit alle Götter mein Genie und Sifs glänzenden Kahlkopf bewundern konnten.

Ich setzte Sif die Krone auf den Kopf und sagte: »Ich, Loki, Prinz von Asgard und Gott des Schabernacks, entschuldige mich demütig bei dir, Lady Sif, weil ich dein Haar gestohlen habe. Als Friedensgeschenk gebe ich dir diese schön gearbeitete Krone mit Haaren.«

Leider hatte der Zwergenschmied geahnt, dass ich ihn betrügen wollte, und die Krone verzaubert. Und weil ich ihn nicht entlohnt hatte, färbten sich Sifs goldene Locken schwarz. Ehrlich, ich fand, dass sie so besser aussah. Ich mag dunkle Haare.

Sie nicht – sie ging mit dem Dolch auf mich los, aber Odin stoppte sie.

»Loki hat geschworen, deine Haare zu ersetzen, und er hat es getan. Von einer bestimmten Farbe war nie die Rede«, dröhnte Odin.

Sif zog mich zu sich heran und sagte: »Ich sorge dafür, dass dir nie wieder jemand vertraut! Egal, was du tust, ich halte dich auf.«

Wenn du bis hierhin gelesen hast, hast du wahrscheinlich erraten, wer für mich der größte Schurke ist. Und? Wer?

Richtig! Ich! Ich bin mein größter Feind. An dem Tag habe ich gelernt, dass man bei einem Streich nichts tun sollte, was man nicht wieder hinbiegen kann. Ein guter Betrüger denkt zwei Schritte voraus.

Ich meine, wer soll mir denn sonst was tun? Sif? Ha! Ich und Angst vor dieser launischen, pingeligen, thorverliebten …

Ups, sie steht direkt hinter mir, oder? Jetzt bin ich dran.

MARVEL THE MIGHTY THOR

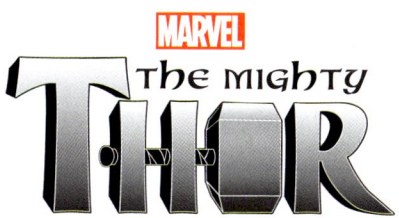

Jane wird die Mighty Thor

Jane Foster hatte immer gespürt, dass es ihre Berufung war, anderen Menschen zu helfen. Sie wollte sie von Schmerzen und Leiden heilen, deshalb wurde sie Ärztin.

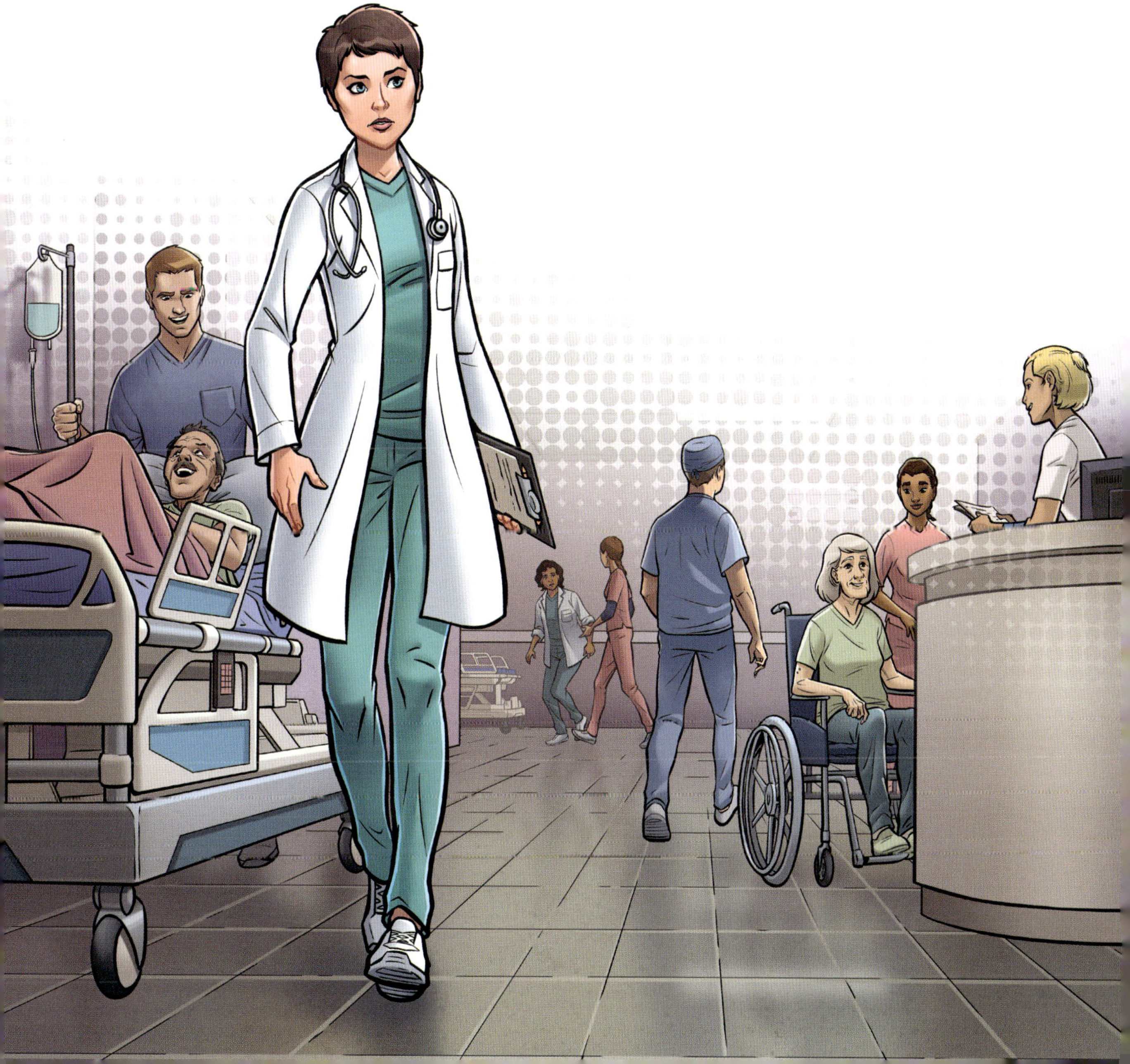

Sie war eine wirklich gute Ärztin und die Patienten vertrauten ihr. Sie behandelte ihre Patienten nicht nur medizinisch, sie war zu allen von ganzem Herzen freundlich und tröstete sie.

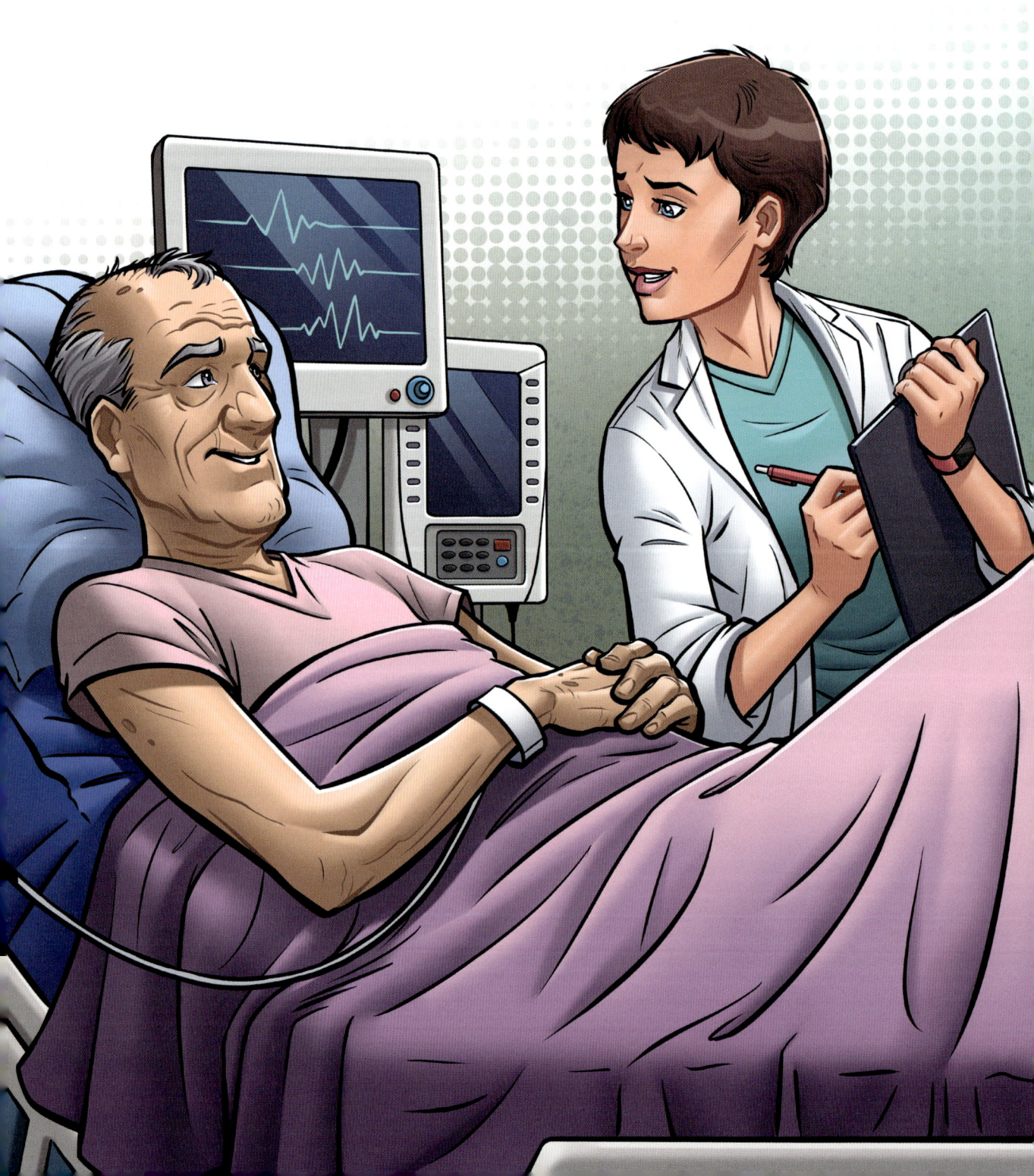

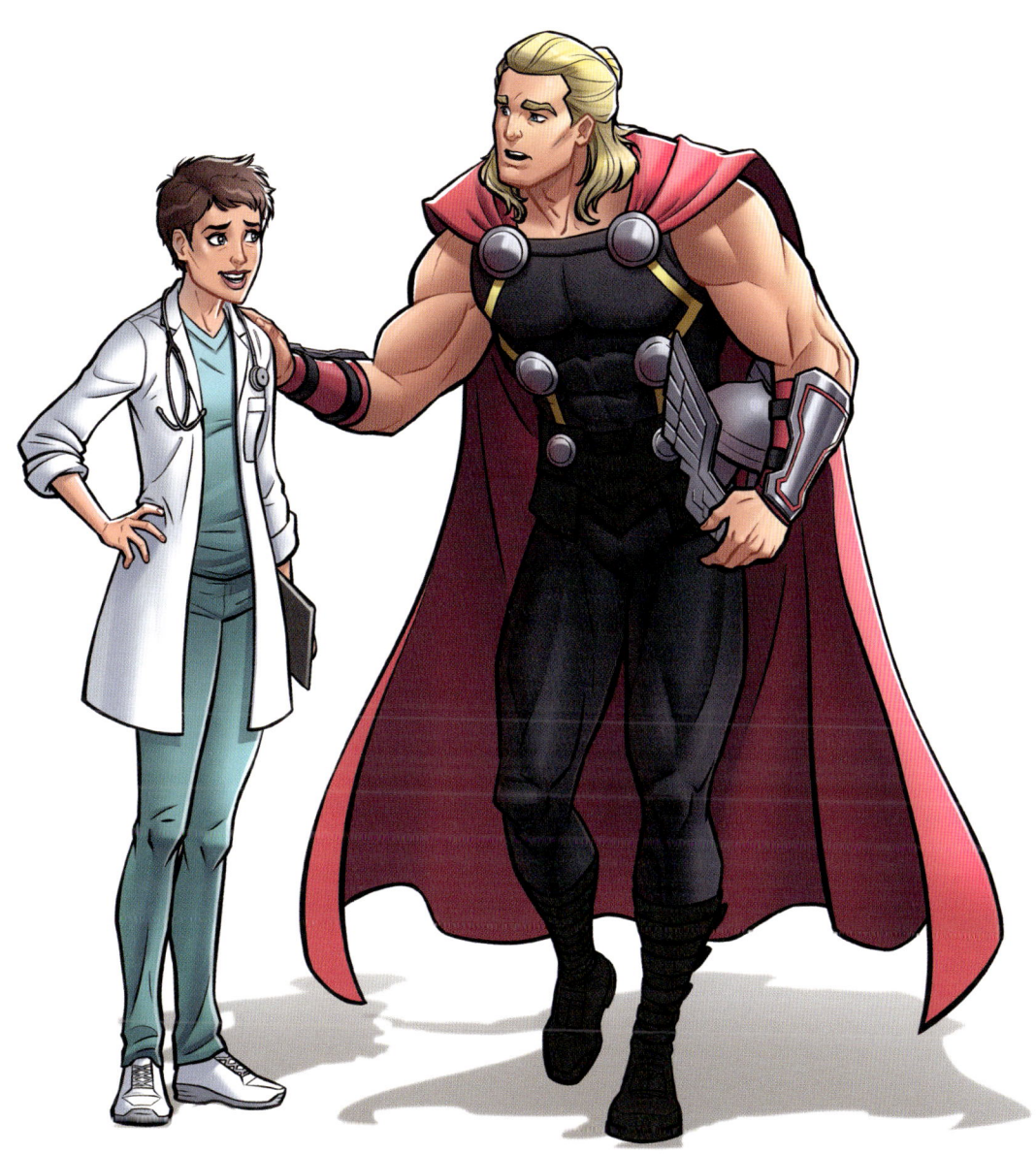

Aber Jane war selbst krank. Ihr guter Freund Thor bewunderte ihre Hingabe, doch er machte sich auch Sorgen um sie.

»Du siehst müde aus, Jane. Du musst mehr auf dich achtgeben und dich mal erholen«, sagte er.

»Ich weiß, aber ich will auch auf die Menschen achtgeben, die mich brauchen«, erwiderte Jane. »Ich kann beides tun.«

»Das verstehe ich«, sagte Thor. »Als Avenger kenne ich dieses Pflichtbewusstsein.«

Jane hatte sich immer gewünscht, die Avengers zu treffen, also nahm Thor sie mit in den Avengers Tower. Jane war sehr beeindruckt von ihrem unermüdlichen Kampf gegen Ungerechtigkeit und von ihren Kämpfernaturen. Jeder Avenger bereicherte das Team mit seinen speziellen Fähigkeiten.

»Uns vereint ein gemeinsames Ziel – die Erde und andere Reiche des Universums vor dem Bösen zu beschützen«, erklärte Thor.

Thors Pflichtbewusstsein änderte sich nie, doch eines Tages merkte er, dass er seinen Hammer Mjölnir nicht mehr anheben konnte. Er war seiner nicht länger würdig. Er wusste, dass er noch immer kämpfen musste, deshalb nutzte er Jarnbjörn – eine von Zwergen geschmiedete Waffe, die er schon vor Mjölnir hatte.

Und Mjölnir fand eine andere, die würdig war.
Jane hörte, wie Mjölnir sie rief. In der einen Minute lag sie noch im
Bett. In der nächsten flog sie durch die Sterne hindurch zum Mond!

WER AUCH IMMER DIESEN HAMMER HÄLT UND WÜRDIG IST, MÖGE DIE KRAFT BESITZEN VON ... THOR

Mjölnir lag wartend auf dem Mond und schimmerte hoffnungsvoll. Der Hammer war aus einem geheimnisvollen asgardischen Metall aus dem Kern eines sterbenden Sterns geschmiedet.

»Ich spüre, wie er mich zu sich zieht«, sagte Jane zu sich selbst. Ohne zu zögern, hob sie ihn mühelos auf und reckte ihn in die Höhe.

Kaum hatte sie den Hammer angehoben, strömte eine ungeheure Energie durch ihren Körper. Sie hielt Mjölnir ganz fest und spürte, wie sie sich verwandelte, mächtig wurde … übermenschlich wurde …

Sie war würdig gewesen, den Hammer anzuheben, nun *fühlte* sie sich würdig.

Endlich ergab alles einen Sinn — ihr Wunsch, anderen zu helfen,
Thor und die Avengers zu treffen; von Mjölnir gerufen zu werden.
Es war ihr Schicksal. Sie war die Mighty Thor geworden!
Jane nutzte ihre von Mjölnir geschenkte Kraft, um tapfer zu kämpfen.
Sie half, wo immer sie konnte, und machte ihm Ehre.

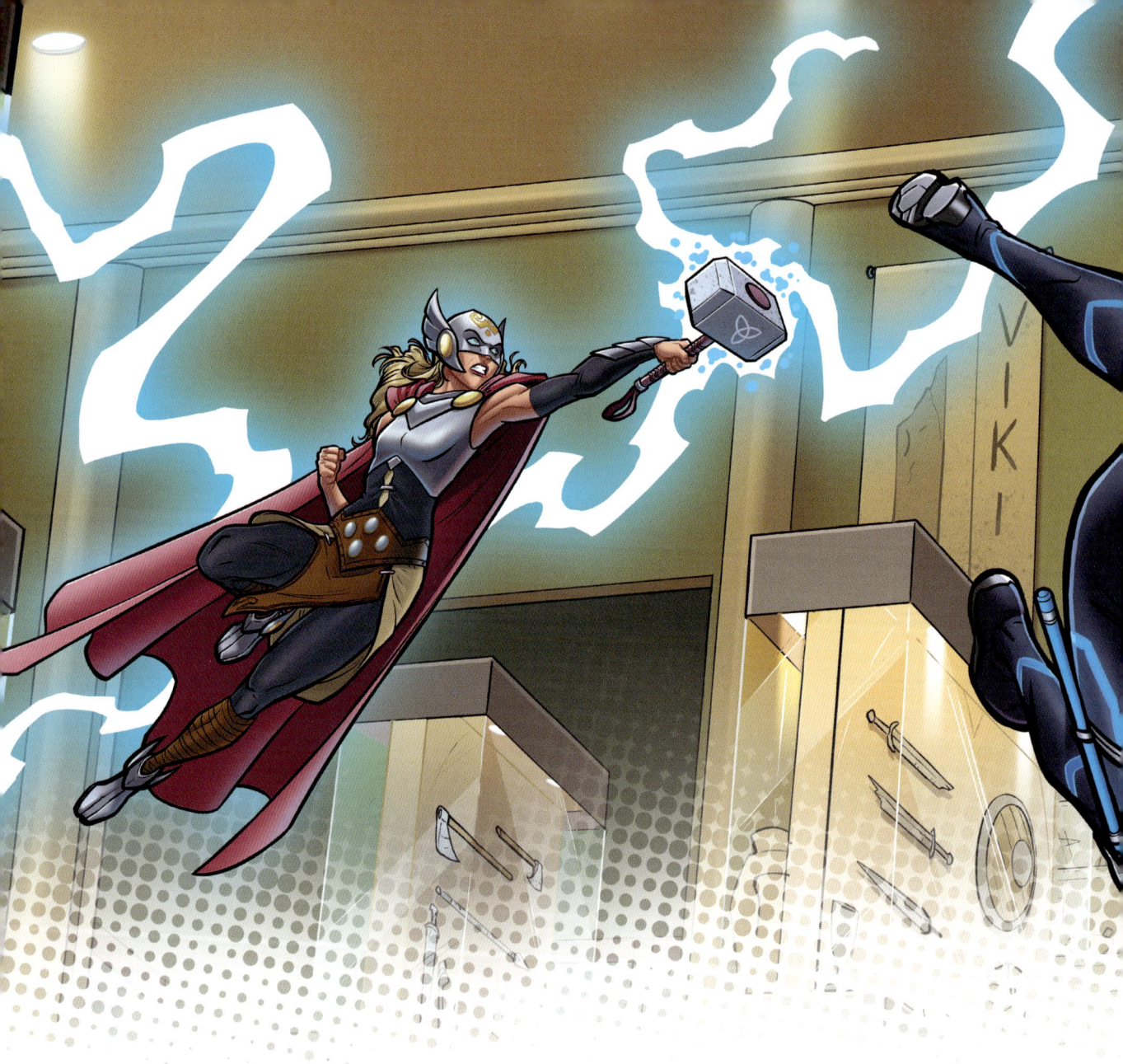

Im Kampf gegen das Böse musste sie auch gegen Loki antreten.
Er hatte einen mystischen, purpurn glühenden Stein gestohlen, und
Black Widow half der Mighty Thor, den Stein zurückzuholen.

»Das ist nicht dein Hammer«, sagte Loki zu Jane.

»Das sieht Mjölnir anders«, erwiderte sie, »aber das ist definitiv nicht
dein Stein.« Als sie nach dem Stein griff, zauberte Loki sich schnell
einen Energie-Schutzschild.

Jane hob ihren Hammer. Während es donnerte und blitzte, feuerte sie einen gewaltigen Energiestoß auf Loki ab, der seinen Schutzschild zerschmetterte. Der überrumpelte Loki stürzte zu Boden und der Stein kullerte aus seiner Hand.

»Hab ihn!«, rief Black Widow.

»Ts, ts«, sagte Jane spöttisch zu Loki. »Du solltest dich wirklich hüten, etwas zu nehmen, das dir nicht gehört.«

Mit der Zeit war Jane auf immer mehr Missionen. Manchmal kämpfte sie gemeinsam mit den Avengers, manchmal kämpfte sie allein. Mjölnir hatte sie bewusst ausgewählt: Als Ärztin war es ihre Aufgabe, anderen Menschen zu helfen. Als Superheldin hatte sie die Macht und die Pflicht, alle Wesen zu beschützen.

Eine Heldin zu sein, bedeutete für Jane mehr, als Superkräfte zu haben und auserwählt zu sein.

Es bedeutete, eine Bestimmung zu haben. Es ging darum, dort zu helfen, wo sie gebraucht wurde. Jane bewies Kraft und Mut im Kampf, sie handelte stets ehrenvoll. Schließlich musste sie nicht nur einer Aufgabe, sondern ihrem Schicksal gerecht werden!

Jane war die Mighty Thor!

SHANG-CHI

Sohn und Meister

Shang-Chi lebte in Chinatown in San Francisco. Er arbeitete in der Bäckerei Wang, die Ananasbrötchen und andere süße Leckereien verkaufte. Die Kunden kamen nicht nur wegen des Gebäcks, sondern auch, um Shang-Chis geschickte Bewegungen zu sehen. Shang-Chi zeigte ihnen gerne, was er draufhatte, aber seine echten Talente hielt er verborgen.

Shang-Chi war nämlich viel mehr als eine Aushilfe in einer Bäckerei. Er war ein Meister der Kampfkunst! Wenn er nicht gerade Taschendiebe fing oder die Welt vor Superschurken rettete, kämpfte er in einem geheimen Krieg, der vor langer Zeit begonnen hatte.

Shang-Chi war in einem abgelegenen Tempel in China aufgewachsen, fern der modernen Welt. Er wurde so erzogen, als lebte er noch in der alten Qing-Dynastie! Sein Vater Wenwu hielt nichts von moderner Technik.

Wenwu war ein grausamer Mann. Er lachte nie. Er lächelte nur sehr selten. Trotzdem wurde er von vielen Menschen respektiert. Menschen, die wie er von einer längst vergangenen Zeit träumten.

Wenwu unterwies Shang-Chi und seine Schwester Xialing in der alten Kampfkunst.

Beide sehnten sich nach einem Lob ihres Vaters. Stattdessen bekamen sie harte Worte und ständige Kritik zu hören.

Wenwu leitete fünf Kampfsportschulen. Die Schulen waren auf der ganzen Welt verteilt, aber Wenwu achtete darauf, dass sie seinen hohen Ansprüchen genügten. Jede Schule war nach einer Waffe benannt: Hand, Hammer, Säbel, Dolch und Stock. Und jede Schule hatte einen Meister!

Shang-Chi hatte in China hart trainiert und wurde für seinen
Einsatz belohnt: Er wurde der Meister der Hand. Er beherrschte die
Kampfkunst schon fast so gut wie Wenwu!

Xialing trainierte in Russland genauso hart. Sie wurde die Meisterin des Hammers und gab sich einen neuen Namen, der zu ihren Fähigkeiten passte: Schwester Hammer.

In all den Jahren hatte Wenwu seinem Sohn nie verraten, wer er wirklich war. Eines Tages, als Shang-Chi eigentlich trainieren sollte, spionierte er seinem Vater nach. Er fand heraus, dass sein Vater eine Form der dunklen Magie beherrschte und sie nutzen wollte, um die Welt zu erobern.

Shang-Chi war sein ganzes Leben lang vor der wirklichen Welt behütet worden, aber er erkannte das Böse, wenn er es sah. Er wusste, dass er seinem Vater entgegentreten musste.

Shang-Chi musste all seine Energie und Kampfkunst aufbringen,
doch er besiegte seinen Vater und machte der Grausamkeit ein Ende.

Shang-Chi beschloss, nach Amerika zu reisen. Er wollte nicht wie sein Vater werden – und deshalb wurde er ein Superheld! Er schloss sich den Avengers an. Gemeinsam bekämpften sie Gefahren, gegen die kein Held alleine siegen konnte.

In San Francisco sahen die Leute in Shang-Chi nur den netten Verkäufer in einer Bäckerei – aber er war so viel mehr. Shang-Chi hatte sich dafür entschieden, die Welt zu beschützen, und nichts konnte ihn davon abhalten, anderen Menschen zu helfen.

Der freundliche Superheld aus der Nachbarschaft

Peter Parker lebte bei seiner Tante in Queens in New York. Tante May liebte Peter wie ihren eigenen Sohn. Sie war sehr liebevoll und sorgte dafür, dass er alles hatte, was er brauchte. Bevor sein Onkel Ben starb, hatte er Peter gesagt, er könnte werden, wer er wollte, aber er sollte nie vergessen, dass »aus großer Kraft große Verantwortung folgt«.

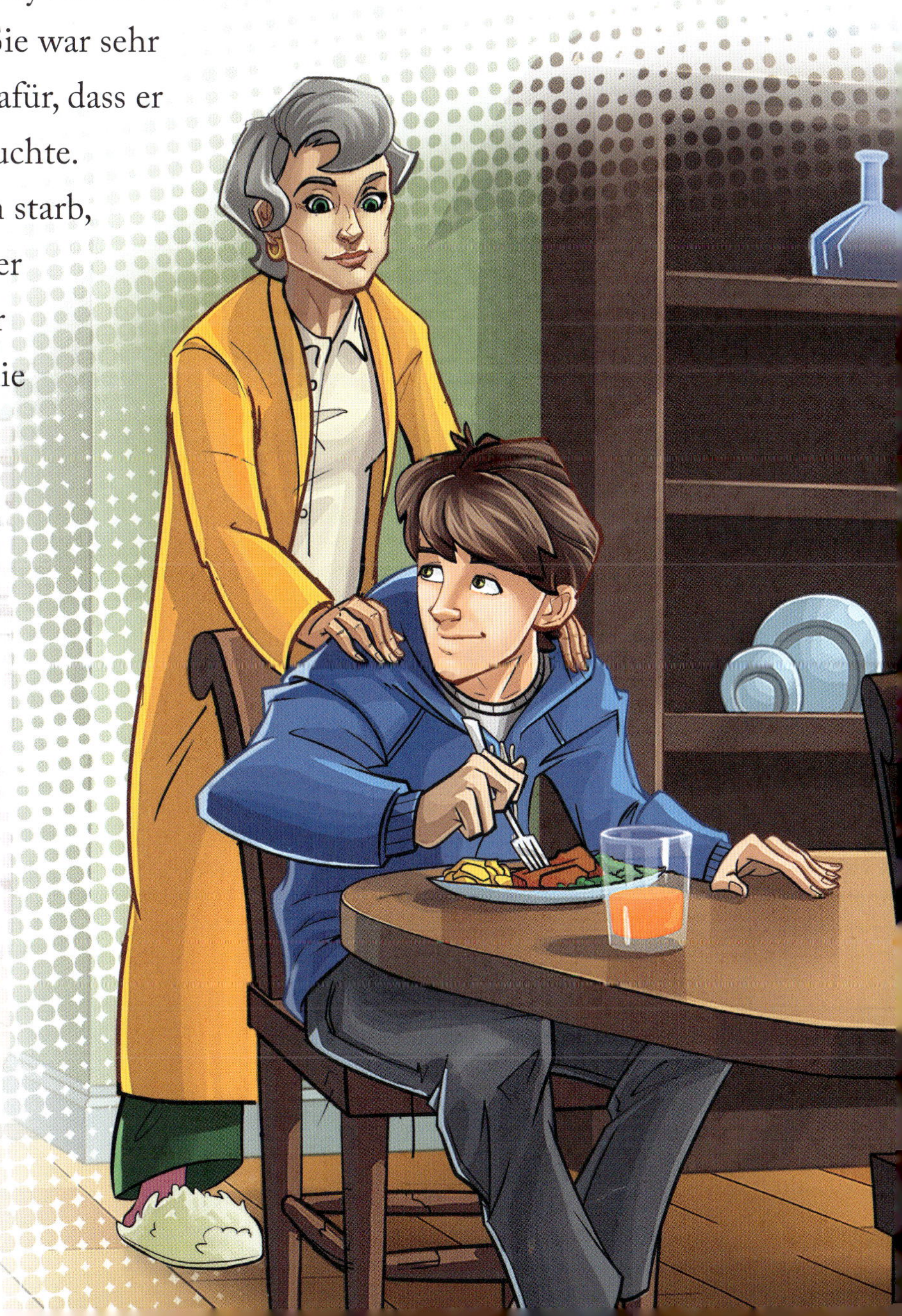

Peter ging auf die Midtown Highschool und wollte unbedingt ein guter Schüler sein. Er übte viel und bekam lauter Einsen – er lernte nämlich gerne. Am meisten interessierte er sich für Naturwissenschaften, er freute sich, wenn er Experimente durchführen und seine Ergebnisse dann seinem Lehrer präsentieren konnte.

Nach der Schule arbeitete Peter als Fotograf für den *Daily Bugle*.

Er machte tolle Fotos – solange sein Chef ihn nicht anschrie und nach Bildern von einem gewissen in Rot und Blau gekleideten Superhelden verlangte! Peters Chef J. Jonah Jameson war knallhart. Er wollte ständig Fotos von Spider-Man, aber das war ein klitzekleines Problem …

Peter hatte ein Geheimnis, von dem niemand wissen durfte – nicht seine Tante May und ganz bestimmt nicht Jameson. Er war Spider-Man!

Bei einem Klassenausflug in ein Labor hatte eine radioaktive Spinne Peter gebissen! Danach konnte er erstaunliche Sache machen, zum Beispiel Spinnennetze schießen! Am Anfang fiel ihm das Zielen schwer.

Aber er nutzte seine naturwissenschaftlichen Kenntnisse und baute sich seine eigenen Netzwerfer. Er übte und übte, bis er seine Netze dahin werfen konnte, wo er sie haben wolltc!

Niemand sollte wissen, dass er ein Superheld war, deshalb machte Peter sich einen Spinnenanzug und eine Maske – jetzt konnte er unerkannt durch die Stadt ziehen. Er konnte an Mauern haften und *über* den Straßen unterwegs sein, wo niemand ihn sah. Nach vielem Üben lernte Peter, seine neuen Fähigkeiten meisterhaft zu beherrschen.

Er war außerdem superstark geworden, und sehr mutig war er sowieso. Und so war er in der Lage, anderen zu helfen, die in Schwierigkeiten steckten. Er machte es sich zur Aufgabe, die Leute in seiner Nachbarschaft zu beschützen. Deshalb nannte man ihn bald »die freundliche Spinne aus der Nachbarschaft«.

Peter hatte jetzt auch einen Spinnensinn: Ein starkes Kribbeln warnte ihn vor Gefahren und Ganoven.

Spider-Mans größter Feind war der Superschurke Venom. Venom konnte seine Gestalt beliebig verändern und sogar Spider-Mans Fähigkeiten exakt kopieren. Er hatte scharfe Zähne, war superstark und extrem gefährlich. Und er liebte es, in New York Verwüstungen anzurichten! Spider-Man schwang sich auf die Straße hinunter und schoss seine Netze auf Venom, um ihn aufzuhalten.

»Ich werd all deine Kräfte an mich reißen«, fauchte Venom.

Spider-Man kannte Venom und seine Schwächen: Venom hasste laute Geräusche. Spider-Man schoss Netze auf ein paar parkende Autos und sofort heulten die Alarmanlagen auf.

»Wie bitte? Ich kann dich nicht verstehen!«, spottete Spider-Man.

Venom war völlig überrumpelt, das gab Spider-Man genug Zeit, ihn in ein dickes Netz einzuspinnen!

Ein Superheld hat ständig was zu tun. Nur ein paar Tage später erwischte Spider-Man den Looter bei einem Bankraub.

Swisch! Swisch! Spider-Man schoss seine Netze ab und fesselte ihn.
Das geraubte Geld übergab Spider-Man der Polizei.

Spider-Man wartete auf den Tag, an dem es auf der Welt keine Verbrecher und Schurken mehr gab. Aber bis dahin schwang er sich auf Patrouillen durch die Stadt, war immer bereit, sich von seinem Spinnensinn warnen zu lassen und zu helfen, wo er nur konnte.

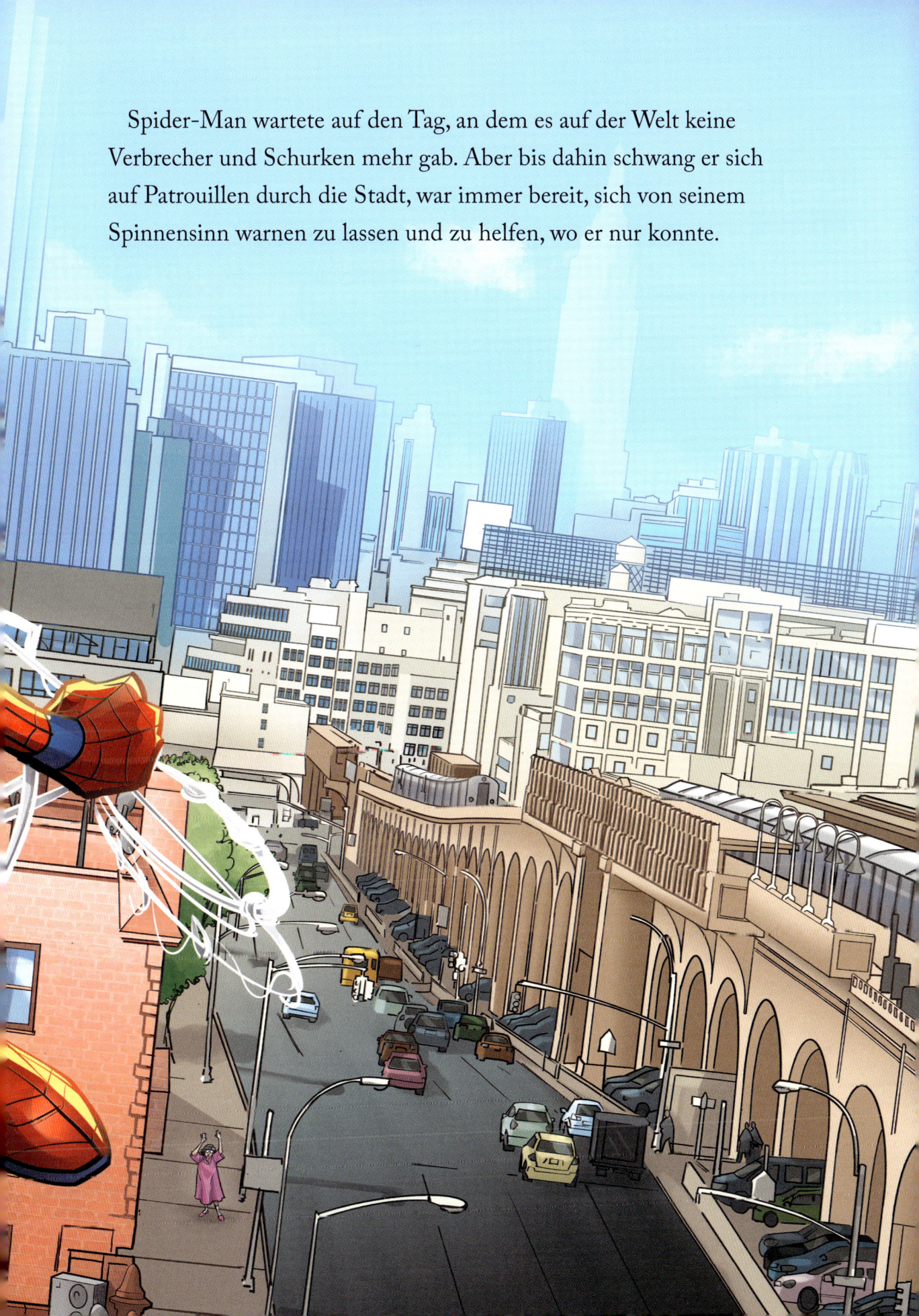

Es war nicht leicht, ein Doppelleben zu führen, aber er wusste, dass er seine Superkräfte nicht ohne Grund bekommen hatte. Solange es noch Schurken gab, hatte er einen wichtigen Job zu erledigen – als Spider-Man!

»Der Fall des verschwundenen Flerken« von Calliope Glass. Illustriert von Steve Kurth und Studio Artistico Greppi DiGenova.

»Eine absolute Superheldin« von Calliope Glass. Illustriert von Devin Taylor und Vita Efremova.

»Mit allen Finessen« von Jeremy Whitley. Illustriert von Scott Cohn, Michela Cacciatore und Tomasso Moscardini.

»Shuri, die Retterin« von Calliope Glass. Illustriert von Scott Cohn, Michela Cacciatore und Ann Belashova.

»Hawkeye hoch zwei« von Calliope Glass. Illustriert von Steve Kurth, Geanes Holland und Olga Lepaeva.

»Im Zauberbann« von Matthew K. Manning. Illustriert von Steve Kurth, Geanes Holland und Olga Lepaeva.

»Aufzug zum Abenteuer, Teil Eins« von Matthew K. Manning. Illustriert von Scott Cohn und Ann Belashova.

»Aufzug zum Abenteuer, Teil Zwei« von Matthew K. Manning. Illustriert von Scott Cohn und Ann Belashova.

»Feind Nummer Eins« von Jeremy Whitley. Illustriert von Scott Cohn und Ann Belashova.

»Jane wird die Mighty Thor« von Shoshana Stopek. Illustriert von Devin Taylor und Vita Efremova.

»Sohn und Meister« von Matthew K. Manning. Illustriert von Steve Kurth, Geanes Holland und Olga Lepaeva.

»Der freundliche Superheld aus der Nachbarschaft« von Shoshana Stopek. Illustriert von Steve Kurth, Mike Huddleston, Geanes Holland, Tomas Montalvos-Lagos, Olga Lepaeva und Tomasso Moscardini.

Coverillustration von Steve Kurth, Geanes Holland und Olga Lepaeva.

MARVEL Avengers 365 Rätsel und Ausmalbilder

Das extradicke MARVEL-Mitmach-Buch

192 Seiten, ISBN 978-3-570-17951-2

365 Tage hat das Jahr – und ebenso viele tolle Beschäftigungsspiele enthält dieses Buch. Ob Rätseln, Kombinieren, Ausmalen oder mit der eigenen Fantasie kreativ sein: Kinder ab 6 Jahren finden hier viele Stunden Beschäftigungsspaß. Immer mit dabei: die beliebtesten Marvel-Superhelden, von Iron Man bis Hulk. Ein opulentes Rätsel- und Malbuch in großem Format, durchgängig vierfarbig.

Rätseln, Malen, kreativ sein mit Marvel-Helden: Schluss mit Langeweile!

www.cbj-verlag.de

Marvel 5-Minuten-Geschichten

MARVEL
5-Minuten-Geschichten
208 Seiten, ISBN 978-3-570-17796-9

MARVEL Spider-Man
5-Minuten-Geschichten
176 Seiten, ISBN 978-3-570-17933-8

Der ideale Einstieg für kleine Superhelden-Marvel-Fans

Die mächtigen Superhelden aus dem Marvel-Universum erleben viele spannende Abenteuer und kämpfen gemeinsam gegen die größten Schurken der Welt. Enthält Geschichten von den Guardians of the Galaxy, Captain America, Iron Man, Spider-Man, Black Widow, Hawkeye, Captain Marvel, Black Panther und dem neuen Spider-Man Miles Morales.

Kurze Marvel-Geschichten mit vielen Illustrationen zum Vor- und Selberlesen für Kinder ab 6 Jahren.

www.cbj-verlag.de

8439_2

MARVEL Mein Superhelden-Malblock

Bilder zum Ausmalen und Heraustrennen

72 Seiten, ISBN 978-3-570-17952-9

Zu diesem hochwertigen Malblock werden vier leuchtende Buntstift-Farben gleich mitgeliefert, mit denen Kinder ab 6 Jahre ihre liebsten Superhelden zum Leben erwecken können. Über 30 Schwarz-Weiß-Malvorlagen, die einzeln herausgetrennt und an die Wand gehängt werden können: Toller Marvel-Beschäftigungsspaß für daheim und unterwegs!

Malen und kreativ sein mit Marvel-Helden: Schluss mit Langeweile!
Mit vier Buntstiften zum direkt Loslegen.

www.cbj-verlag.de

Meine liebsten Marvel-Geschichten

Meine liebsten Marvel-Geschichten
160 Seiten,
ISBN 978-3-570-17800-3

Meine liebsten Marvel-Geschichten 2
168 Seiten,
ISBN 978-3-570-17869-0

Neue Geschichte für kleine Superhelden-Marvel-Fans

Die größten Superhelden aus dem Marvel-Universum kommen zusammen, um gemeinsam viele spannende Abenteuer zu erleben und gegen die größten Schurken der Welt zu kämpfen. Mit dabei sind Iron Man, Captian America, die Guardians of the Galaxy, Spider-Man und viele mehr.

Kurze Marvel-Geschichten mit vielen vierfarbigen Illustrationen zum Vor- und Selberlesen für Kinder ab 6 Jahren.

8440_2

www.cbj-verlag.de

MacKenzie Cadenhead; Sean Ryan

Spider-Man und seine Insektenfreunde

88 Seiten, ISBN 978-3-570-17950-5

Lesen lernen mit Spider-Man: Entdecke deine eigene Lese-Superkraft!

Peter Parker, besser bekannt als Spider-Man, möchte unbedingt den Naturwissenschafts-Wettbewerb der Schule gewinnen. Doch der Wettbewerb muss warten, denn der tentakelige Schurke Doktor Octopus versucht die Riesen-Partikel von Ant-Man und Wasp zu stehlen. Können die drei Superhelden Doktor Octopus aufhalten? Und bekommt Spidey am Ende den langersehnten Pokal?

www.cbj-verlag.de

8435

MacKenzie Cadenhead; Sean Ryan

Spider-Man gegen Sandman

88 Seiten, ISBN 978-3-570-17939-0

Lesen lernen mit Spider-Man: Entdecke deine eigene Lese-Superkraft!

Peter Parker, besser bekannt als Spider-Man, ist auf dem Weg in den Supermarkt, als der Bösewicht Sandman eine Bank überfällt. Zusammen mit Squirrel Girl und ihren Eichhörnchen-Freunden nimmt Spider-Man die Verfolgung auf. Können sie den sandigen Schurken fangen? Und schafft Spidey es noch, Milch für Tante Mays Kaffeeklatsch zu besorgen?

www.cbj-verlag.de

8441

Beschäftigungsspaß für kleine und große Marvel-Fans

MARVEL Helden zum
Ausmalen
80 Seiten,
ISBN 978-3-570-17794-5

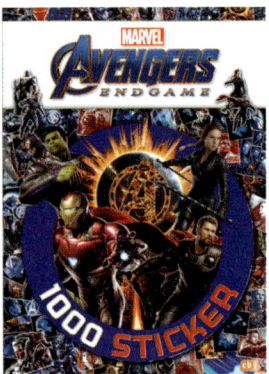

MARVEL Avengers
Endgame – 1000 Sticker
40 Seiten,
ISBN 978-3-570-17792-1

MARVEL Doodles –
Superhelden-Kritzelspaß
128 Seiten,
ISBN 978-3-570-17840-9

MARVEL Superhelden-
Wimmelbuch
24 Seiten,
ISBN 978-3-570-17841-6

MARVEL Helden in Action
64 Seiten,
ISBN 978-3-570-17837-9

8436_5

www.cbj-verlag.de